l' alcibiade majeur

platon

l'alcibiade majeur

traduction, introduction et notes
par Pierre-José About

œuvres et opuscules philosophiques

sous la direction de Pierre-José About
Inspecteur général de l'Instruction publique

hachette

Préface

Nous avons voulu, dans cette collection qui s'adresse aux élèves des classes terminales, mais aussi aux étudiants, présenter des œuvres et des opuscules philosophiques originaux et expressifs de la pensée des plus grands philosophes. Nous avons choisi des ouvrages relativement courts mais qui constituent des totalités unifiées et d'une valeur exemplaire, pour qui veut puiser aux sources de la réflexion philosophique. La liste des auteurs inscrits au programme des classes terminales est à la fois ample et diversifiée. La difficulté, pour les professeurs chargés d'initier les jeunes esprits à la philosophie, et pour les élèves, est de trouver à côté des grands textes canoniques de Platon, de Descartes ou de Kant et de tant d'autres, des textes plus courts *mais non moins parfaits, afin de pouvoir se conformer aux exigences des instructions ministérielles qui prévoient, suivant les sections, l'étude d'une ou plusieurs œuvres. De cette manière nous pensons aider maîtres et disciples à mieux accéder aux ouvrages signifiants pour la conscience philosophante et pour l'histoire de la pensée.*

Cette collection ne se veut pas modèle d'érudition, mais simplement de rigueur et de netteté. Si nous avons voulu faciliter grandement l'accès aux œuvres, en prenant souvent le lecteur par la main, *nous n'avons pas accepté de sacrifier l'esprit de l'enseignement philosophique en France, qui élucide mais ne simplifie pas, qui rend accessible mais ne vulgarise pas. L'allégresse de la simplification qui verse dans la superficialité, le laxisme spéculatif qui se contente d'approximations trahissant sottement les contenus, ont été délibérément bannis de notre entreprise.*

Notre intention est de proposer des œuvres d'une authentique valeur philosophique *qu'une présentation* précise *et* sobre *rendra accessible à qui veut apprendre à philosopher en fréquentant les meilleurs auteurs. Nous pensons avec Heidegger, qu'entendre la parole philosophique elle-même, nous met en* « présence d'une pensée dont nous n'avons pas fini d'éprouver la force, une présence qui attend encore que nous la rencontrions *(1) ». Et pour donner à notre dessein une allure*

1. Martin Heidegger, *Le Principe de raison,* Éd. Gallimard, Paris, p. 100.

peut-être plus provocante, nous ferions volontiers nôtre la thèse hégélienne qu'il est impossible de philosopher sans contenus, pas plus qu'on ne peut penser sans pensées, ni concevoir sans concepts : on apprend à penser avec des pensées, à concevoir en recevant des concepts : pensées et concepts doivent être appris. Exposant ses idées sur l'enseignement philosophique, Hegel écarte toute tentative qui réduirait l'acte de philosopher à sa négation dans une parlerie : « Ce n'est pas seulement devenu un préjugé de la pédagogie — et ici d'une façon encore plus étendue — que lorsqu'on s'exerce à penser par soi-même, en premier lieu la matière n'a pas d'importance, et en second lieu le fait d'apprendre est opposé au fait de penser soi-même : alors qu'en réalité, la pensée ne peut s'exercer que sur une matière qui n'est pas un produit de l'imagination ou une représentation sensible ou intellectuelle, mais une pensée; et qu'ensuite, une pensée ne peut être apprise que par le fait qu'elle est elle-même pensée (2). »

Pour remplir ce projet, nous proposerons donc des textes souverains, ceux qui ont survécu à cette terrible et inexorable critique qu'est l'histoire. Ainsi nous pourrons l'intégrer à titre de dimension de la vérité philosophique, qui est présente et contemporaine chaque fois qu'un lecteur attentif détecte des significations qui, sans lui et sans sa puissance de dévoilement comme de découverte, resteraient mortes ou à jamais fossilisées.

Aux efforts des maîtres qui ont œuvré pour que cette collection fût vivante et accessible, nous souhaitons que répondent l'intérêt et la curiosité de ceux qui voudront bien s'élever jusqu'au temple serein de la pensée, pour y faire retraite et oraison spéculatives.

Pierre-José About

2. Hegel, lettre à von Raumer du 2-8-1816, *Correspondance*, Éd. Gallimard, Paris, t. II, p. 93.

Avertissement

Nous avons choisi de traduire et de présenter l'*Alcibiade* parce qu'il est sans doute un des principaux dialogues de Platon. Les néoplatoniciens ne s'y étaient pas trompé, qui faisaient commencer l'étude de la philosophie par la lecture de l'*Alcibiade.* Dans son commentaire de l'*Alcibiade,* Proclos (1)* part du principe que la connaissance de soi-même est le fondement de toute philosophie. Et l'*Alcibiade* est dans un sens ùn traité de la connaissance de soi. Plus synthétiquement, le motif central de ce dialogue est la nature humaine ou la connaissance de soi-même considérée comme le principe de toute perfection de toute science, et particulièrement de la science politique. Et il n'est point paradoxal de mettre, avec Jamblique (2), l'*Alcibiade* à la tête des dix dialogues où est concentrée toute la philosophie de Platon (Proclos : *In Alcibiadem,* début).

Que ce dialogue ait été considéré comme un des plus expressifs du platonisme serait une raison déterminante pour nous y attacher. Mais il offre, au surplus, pour la conscience moderne, quantité de thèmes concernant la science du politique, la connexion et la réciprocité des biens, l'exigence de la lucidité philosophique, la conscience de soi, qui en font un dialogue toujours actuel et agréable à lire par la vivacité des propos et la profondeur de la pensée.

Vénérable pour les Anciens, toujours actuel pour les Modernes, quel plus bel éloge? Disons, d'une manière plus essentielle, que cet ouvrage de Platon a une actualité, ou ce qui revient au même une a-temporalité spéculative, parce qu'il est un des lieux où s'origine la pensée philosophique, qui n'est telle, que parce qu'elle est contemporaine de tous les temps.

* Les notes figurent en fin de volume en page 97 et suivantes.

Vie de Platon

427 av. J.-C. Platon naquit à Athènes, en 427 avant notre ère, d'une famille aristocratique qui se rattachait à Codrus, le roi fondateur légendaire d'Athènes, et à Solon. Il reçut une éducation ample par son étendue et variée par ses contenus, dispensée par des grammatistes distingués, des musiciens doués, des précepteurs avisés : il s'intéressa à la poésie (Homère), aux sciences, et surtout à la mathématique, depuis Pythagore, science structurale pour la connaissance de l'univers. Il se tourna de bonne heure vers la philosophie, connut la pensée d'Héraclite par l'intermédiaire d'un disciple, Cratyle l'Héraclitéen, celle de Parménide et de Zénon d'Élée, de Xénophane, d'Empédocle et d'Anaxagore, répandues dans les milieux intellectuels d'Athènes.

vers 407 av. J.-C. A vingt ans il s'attacha à Socrate, dont il suivit l'enseignement jusqu'à l'âge de vingt-huit ans. « Le plus juste des hommes d'alors (3) » qui se distinguait des sophistes, à la fois par son amour de la vérité et par une invincible puissance dialectique, exerça une influence définitive sur un esprit aussi prodigieusement doué que celui de Platon; au surplus Socrate, qui s'intéressait avant tout à l'homme et brisait l'univers purement verbal de la sophistique, lui donna le sens de l'ouverture à l'être et les exigences d'une pensée soucieuse de l'universel selon une conceptualité rigoureusement élaborée.

399 av. J.-C. La mort de Socrate, au terme de bouleversements politiques dont la terreur ne fut pas exclue, détermina un Platon douloureusement atteint dans l'amitié qu'il portait au maître et dans ses espérances politiques à quitter Athènes pour Mégare où il fit un séjour de trois ans entrecoupé de voyages en Égypte et à Cyrène. Il s'intéressa aux mœurs, à la constitution, à la science et aux antiques traditions égyptiennes.

396 av. J.-C. Il regagna Athènes dès 396 et jusqu'en 388 rédigea les premiers dialogues, sans doute commencés à Mégare ; l'étonnant génie philosophique que ceux-ci révélaient suscita l'admiration des lecteurs athéniens qui découvrirent, entre autres dialogues, l'*Apologie de Socrate,* le *Grand Hippias,* le *Protagoras,* le *Criton,* l'*Alcibiade,* le *Gorgias,* le *Ménon.*

388 av. J.-C. Platon entreprit, en 388, un voyage qui le mena en Italie méridionale et en Sicile, où il fit la connaissance de Denys l'Ancien et de Dion le Jeune, beau-frère de Denys. Il se lia d'amitié avec Dion, esprit ouvert, épris de philosophie, admirateur de Socrate. Il ne tarda pas à déplaire au tyran, soit à cause de son enseignement, soit à cause de son rayonnement sur les personnages de la cour. « Dans mes relations avec Dion qui était encore jeune, lui exposant mes conceptions sur ce qui paraissait le meilleur pour les hommes et l'engageant à les réaliser, je risque fort de ne m'être pas aperçu que, d'une certaine manière, je travaillais à mon insu à la chute de la tyrannie » (lettre VII 327 a). Arrêté et chassé par Denys Ier, il fut remis au capitaine d'un vaisseau lacédémonien et vendu comme esclave. Racheté et rapatrié par Annikéris, un homme cultivé, il recouvra la liberté et rentra sauf à Athènes.

387 av. J.-C. Il réalisa aussitôt un dessein qu'il portait en lui, et fonda près de Colone, aux portes d'Athènes, une école de philosophie qui devint l'Académie, du nom des jardins d'Académos près desquels elle était installée. Ces jardins étaient, aux dires de Plutarque, à la fois un gymnase et un parc arrosé d'eaux vives, comportaient des promenades ombragées, un lieu de réunion, un sanctuaire des Muses, une bibliothèque, des ateliers et des collections (4). Ce fut là qu'il enseigna durant quarante ans jusqu'à sa mort, avec un succès éclatant. De 380 à 360, Platon écrivit le *Phédon, Le Banquet,* le *Phèdre, La République,* et, sans doute, le *Cratyle* et le *Philèbe.*

367 av. J.-C. La date de 367 marque un second voyage en Sicile. Denys le Jeune appelait notre philosophe pour en faire son conseiller, son ami. La magnificence de l'accueil devait lui donner les plus beaux espoirs pour ses projets de réformes, mais

la déception fut rapide. Le jeune tyran avait le goût du pouvoir absolu : il chassa Dion, fit garder Platon à vue, puis l'autorisa à quitter Syracuse.

367-361 av. J.-C. De retour à Athènes, Platon reprit son enseignement et publia, selon toute vraisemblance, pendant cette période, le *Théétète,* le *Sophiste,* le *Parménide,* dialogues métaphysiques d'une hauteur inégalée.

361-347 av. J.-C. Un troisième voyage en Sicile, effectué dans l'intention de réconcilier Dion avec Denys le Jeune, s'acheva d'une manière aussi désagréable que le précédent, puisqu'il fallut l'intervention énergique d'Archytas de Tarente, un pythagoricien ami fidèle de Platon, qui l'envoya chercher sur un vaisseau à lui. Retiré à l'Académie, notre philosophe ne quitta plus Athènes, et vécut entouré de la sollicitude, de l'admiration et du respect de ses disciples. Son grand âge ne l'empêcha pas d'écrire deux œuvres monumentales, le *Timée* et *Les Lois.* Il mourut à quatre-vingts ans, au terme d'une vie pleine de noblesse. La personnalité de Platon, fondateur de la manière occidentale de philosopher, se devine à travers ses écrits : une horreur de l'inconscience et de la frivolité qui sont ennemis de la vérité, une inclination pour l'ascétisme et la perfection intérieure, un génie superbe et passionné, un goût de la joute et de l'obstacle, un fond indifférent à l'échec, une stupéfiante lucidité qui n'empêche pas un regard bienveillant sur la condition humaine, tels sont peut-être les traits dominants d'un philosophe que les esprits mesquins amateurs d'anecdotes scandaleuses de l'Antiquité, ont épargné, sans doute parce qu'il n'y avait rien que l'on pût reprendre dans la vie d'un homme d'une aussi parfaite pensée (5).

« Maître et seigneur, Platon le demeura pour l'Occident après sa mort. Platon eut le destin de s'installer, par droit de possession, chez la plupart des génies occidentaux. Tout ce qui pense en Europe, depuis lui, platonise. Aristote d'abord, cet adversaire-disciple, qui pense contre Platon, mais qui le complète, le transpose, l'incarne et l'accomplit ; les néo-platoniciens qui ont donné au christianisme sa langue mystérieuse et qui devaient convertir saint Augustin ; tous les augustiniens jusqu'à Malebranche ; Kant même, qui a replacé le monde des Idées platoniciennes dans les « limites de la raison » humaine ; Auguste Comte, qui réédite la politique de Platon à plusieurs égards ; Nietzsche qui, plein de Platon, pense contre Platon ; Bergson, qui s'inspire de sa mystique ; jusqu'à Husserl qui platonise même dans le langage ; jusqu'à Heidegger qui retrouve, dans Platon, Parménide. Il y a là un charme exercé par le seul Platon et que personne n'est capable d'abolir (6). »

INTRODUCTION

L'*Alcibiade,* que l'on appelle aussi le *premier Alcibiade* (pour le distinguer du dialogue sur la prière ou *second Alcibiade* (7), fut sans doute écrit pendant le séjour de Platon à Mégare (vers 399-396 av. J.-C.). Ce dialogue comporte un double intérêt ; d'abord, en ce qu'il contient déjà, malgré la jeunesse du Maître qui l'écrivit, un grand nombre de *thèses* typiquement platoniciennes ; ensuite parce qu'il est l'*origine* d'une vection fondamentale de toute l'histoire de la pensée et de la spiritualité occidentales jusqu'à nos jours : *l'homme, c'est son âme, et celle-ci est reliée au divin.* Pour bien comprendre cette originalité duelle, il conviendra d'analyser l'*argument* de l'*Alcibiade,* argument étant entendu ici comme le discours organisé et dialectiquement conçu, qui a pour objet de contraindre l'esprit à admettre ce qui n'était pas connu comme tel.

1 *Argument*

L'*Alcibiade* est un dialogue amical. Il s'origine dans l'attachement de Socrate pour Alcibiade, jeune homme extrêmement doué, mais frivole et ambitieux. La pensée profonde de Socrate est, comme il est dit en fin de dialogue, qu'il faut chercher en l'homme sa vertu fondatrice, l'âme, et que celle-ci est d'essence divine (133 c) : « Sommes-nous à même de dire qu'il y ait dans l'âme quelque réalité plus divine que celle qui se rattache à la connaissance et à la pensée ?... C'est donc au Divin que ressemble cette capacité de l'âme... ». Et le lecteur est captivé par l'ensemble des passes d'armes dialectiques, où la raison joue avec la ruse et l'ingénuité, au niveau d'une ironie socratique qui paraît, tout d'abord, s'attacher à dénuder les ambitions d'Alcibiade et à mieux cerner la problématique du politique.

D'emblée Socrate accepte de révéler à son jeune interlocuteur quels sont ses désirs les plus profonds, son ambition la plus secrètement encoquillée, mais qui se manifestera bien vite avec une sorte d'innocence bien moins futée qu'il ne paraît : « Tu n'aimerais pas vivre avec des perspectives... bornées, faute de pouvoir rassasier, si je puis dire, tous les hommes de ton nom et ta puissance ! Certes, je pense qu'à l'exception de Cyrus et de Xerxès, aucun homme ne te paraît digne qu'on en parle. Ainsi donc telles sont tes espérances, je le sais en toute lucidité et ne me contente pas de les pressentir » (105 c). C'est que depuis peu, Alcibiade a nourri, en une âme sillonnée de passions, une superbe amoureuse de pouvoir. Une chance que cette vingtième année, où Socrate peut enfin s'entretenir avec lui : « Quand tu étais trop jeune encore, et tant que ces espérances ne gonflaient apparemment pas ton cœur, le dieu ne me permettait pas de nouer le dialogue avec toi, de peur que ce ne fût en vain. Il me rend à présent la liberté : car, à présent tu es disposé à m'écouter » (105 e).

Il est facile d'entrer en politique et de convoiter le pouvoir, encore faut-il avoir quelque dessein déterminé et quelques objectifs à présenter à ses égaux. Dans l'action, les fins sont décisives, car le bien commun leur est sous-jacent : encore faut-il le savoir. « Si donc, au moment où tu te disposes à monter à la tribune, je te prenais par la main et te disais : Alcibiade, quel est le sujet sur lequel les Athéniens projettent de délibérer et pour lequel tu t'es avancé en vue de leur donner des conseils? n'est-ce pas parce qu'il s'agit d'un problème que tu connais mieux qu'eux? » (106 c). Avec candeur Alcibiade de répondre qu'il saurait parce qu'il est, lui, plein de capacités. Mais à quoi bon une assurance toute subjective? Ce qui importe, c'est le savoir, la technique, un art conscient de sa portée et de ses limites, tels ceux du médecin, de l'architecte, du musicien, du maître de gymnase. Et Socrate, qui use toujours de rigueur, même lorsqu'il se donne l'apparence d'extravaguer en ses questions, de conclure : « A propos d'un sujet que tu prétends connaître et pour lequel tu te lèves pour donner ton avis à la tribune, ne rougirais-tu pas de ne pouvoir répondre? N'y aurait-il pas là apparence de scandale? » (109 a). La vraie découverte opérée par la transitivité du discours apparaît : c'est la *justice* qui doit être immanente à toutes les affaires de la Cité : « Ainsi, c'est le motif de la justice que tu développeras en tes discours? » (109 c). Telle est la seule fin que doit poursuivre le politique, s'il veut que son action soit accordée aux exigences du domaine où il entend déployer ses dons ou ses capacités.

Mais il permis de se demander si Alcibiade sait en quoi consiste le juste. L'a-t-il appris? Le sait-il par une sorte d'accès immédiat à la vérité? C'est de tout le monde que je l'ai appris, s'exclame le bon jeune homme. « Tu ne cherches pas refuge auprès d'un maître bien sérieux, en t'en référant à "tout le monde" », réplique Socrate (110 e), car il n'y a guère qu'au niveau du langage que tout le monde puisse se mettre d'accord sur les significations et les indications que la parole notifie. Mais le juste et l'injuste font naître contradictions et désaccords lorsqu'ils dérivent de tout un chacun. « La cause est entendue, déclare Socrate. En ce qui concerne le juste et l'injuste, il a été dit que le bel Alcibiade, fils de Clinias, n'en avait nulle connaissance, bien qu'il se crût savant, et qu'il se proposât d'aller dans l'Assemblée du peuple donner des conseils aux Athéniens sur des questions où il n'entendait rien » (113 b).

Socrate n'a pas été dupe de la première pirouette d'Alcibiade. Mais celui-ci en fera deux autres et Socrate, avec la gravité de celui qui sait aimer ce qu'il y a de meilleur en l'autre, veut à tout prix sauver son ami de lui-même et le hausser jusqu'à la conscience du vrai. Seconde pirouette d'Alcibiade : « A vrai dire, Socrate, je crois qu'il est rare que les délibérations des Athéniens et des autres Grecs aient pour fin de déterminer quel est le parti le plus juste ou le plus injuste, car ils pensent qu'il s'agit là de notions claires. Aussi les laissent-ils de côté et examinent-ils quel est le choix le plus avantageux pour leur action. En effet, je crois que le juste ne se confond pas avec l'avantageux ; au contraire, combien de gens ont eu beau profit à commettre de grandes injustices, pendant que d'autres, je crois, n'ont pas trouvé d'avantages à accomplir des actes empreints de justice » (113 d). Mais Socrate lui prouve qu'il y a conjonction et réciprocité des biens : le juste, l'utile, le beau, le bon, ne font qu'un. Confusion d'Alcibiade qui s'écrie : « Par les dieux, Socrate, je ne sais plus guère ce que je dis et, en vérité, j'ai l'air d'un homme qui se conduit d'une manière bien étrange : quand tu me questionnes, je suis, en effet, tantôt d'un avis, tantôt de l'autre » (116 e). Socrate en profite pour éclairer son ami, et le situer relativement à la vérité, car celui-ci a la naïveté de croire savoir ce qu'il ne sait pas : il s'agit d'une ignorance ingénue qui ne se connaît pas et donc ne peut s'avouer comme telle. « Oh ! Oh ! Mon cher Alcibiade, quelle épreuve subis-tu là ! Une épreuve que j'hésite à désigner par son nom et cependant, puisque nous sommes seuls, il faut parler net. Car tu cohabites, excellent ami, avec une ignorance qui est l'extrême ignorance : c'est notre discours qui le signifie ou plutôt c'est toi-même. Et voilà pourquoi tu te précipites sur les affaires du domaine politique avant que d'en être instruit. D'ailleurs cette inclination ne t'est pas particulière ; c'est celle de la plupart de ceux qui traitent les affaires de cette Cité, à l'exception d'un petit nombre et peut-être de Périclès, ton tuteur » (118 bc). Et Socrate de mettre Alcibiade en face d'un choix : « Mais enfin pour en revenir à toi, qu'as-tu en l'esprit ? Est-ce de t'en tenir à l'état où tu es aujourd'hui, ou bien de t'appliquer à quelque chose ? » (119 a).

Mais Alcibiade ne se rend pas. Il effectue une troisième pirouette. Puisque tous les politiciens sont ignorants, opposons-leur nos dons naturels. Nous saurons être plus malins qu'eux et les vaincre : « Oui, les hommes qui gèrent les affaires de la Cité, quelques-uns mis à part, me paraissent dépourvus de culture. — Et après, quelles conséquences en tires-tu ? — C'est que, s'ils avaient eu la culture en partage, il faudrait que celui qui entreprend d'entrer en compétition avec eux se mît à s'instruire et à s'exercer, comme s'il devait lutter contre les athlètes. En fait, puisque ces hommes dénués de culture viennent se mêler, sans la moindre préparation, des affaires publiques, pourquoi faudrait-il s'exercer et se donner la peine d'apprendre ? Je sais fort bien quant à moi que, par mes dons naturels, j'aurais sur eux une supériorité absolue » (119 bc). Mais Socrate, qui veut décidément sauver l'ambitieux par l'intelligence et la vraie connaissance, usera d'un astucieux procédé : celui de la surenchère à l'ambition, du débordement de tous les désirs. Comment un être aussi prodigieusement doué, l'Alcibiade promis à la légende, pourrait-il se contenter d'une vaine gloire : ses vrais rivaux ce ne sont pas les menus politiciens d'Athènes, mais les rois de Perse et de Lacédémone. Suit une longue description de leur grandeur et de leur opulence, mais aussi de l'éducation soignée, du savoir politique qui est le leur. Bref, il convient de ramener Alcibiade à lui-même et au souci de la connaissance. Philosophie est lucidité. « Allons, bienheureux jeune homme, crois-m'en et crois-en ces mots inscrits à Delphes : « Connais-toi toi-même ». Car les ennemis que tu auras à combattre sont tels que je te les représente et non pas tels que tu les imagines ; adversaires sur lesquels nous ne pouvons l'emporter que par l'*application* et la *compétence ;* si tu laisses échapper ces qualités, tu laisseras échapper la gloire chez les Grecs et chez les Barbares ; la gloire que tu sembles aimer plus que personne ait jamais rien aimé. — Quelle est donc, Socrate, cette application à laquelle il est nécessaire de se consacrer ? Peux-tu me l'expliquer ? Il y a dans tes réflexions un accent de vérité à nul autre pareil. — Oui, je le puis ; mais c'est ensemble que nous devons chercher la manière de nous rendre les meilleurs possibles. En effet, si je dis de toi que tu as besoin d'être éduqué, je le dis également de moi... » (124 bc). Nouvelle recherche. Celle de l'art de la bonne administration de la Cité. Alcibiade, généreux en fin de compte, pense qu'il convient de fonder l'excellence du bien social sur la concorde et l'amitié. Illusion, car l'homme ici-bas n'est ni tout à fait saint, ni tout à fait larron. Seule la *justice* constitue la parfaite médiation : « Mais, lorsque dans une Cité les citoyens se conduisent d'une manière juste, une amitié mutuelle ne naît-elle pas ? » Inlassable retour à l'essentiel qu'effectue Socrate.

Cette fois Alcibiade ne peut plus biaiser. Il s'agit bien de se *convertir*. Car comment exercer l'art du politique en son *essence*, par la justice, sinon en quittant l'ignorance pour le savoir : et le premier savoir consiste à se *connaître soi-même*.

Dès lors, Alcibiade sera en état de comprendre les allusions constantes de Socrate aux problèmes moraux qui ont jalonné toute la discussion : il convenait de déterminer le juste et l'injuste (113 b) ; de chercher si le beau, le bien et l'utile coïncident (116 c) ; de devenir le meilleur possible (124 c) ; et, pour connaître l'art de se rendre meilleur, il ne faut pas ignorer ce que l'on est (128 c). Et maintenant, il faut constamment aller à l'essentiel : la sagesse morale consiste en la connaissance de soi (131 b). Le rappel de l'inscription de Delphes vient tout naturellement (124 ab, 129 a, 132 c). L'interprétation proposée est on ne peut plus évidente : à la question d'une étonnante gravité spéculative : « Qu'est-ce donc que l'homme ? » (le sous-titre traditionnel de notre dialogue n'est-il pas : *De la nature de l'homme* ?), il ne peut y avoir que trois réponses : l'âme, le corps, ou la totalité constituée de leur union (130 a). Mais, puisqu'il est le principe qui commande au corps, l'homme ne peut être assimilé à son corps, ni au demeurant, au système de son corps et de son âme ; s'il est quelque chose, il faut donc qu'il soit exclusivement et essentiellement son âme (130 c). Ainsi, ce que le précepte delphique nous invite impérativement à connaître, c'est notre âme (130 e) ; tel est le soi-même essentiel, le fond immuable de notre être (130 d). De réduction en réduction, l'on atteint dans le *connais-toi toi-même*, le *même* du toi, l'âme. Connaître notre corps comme fait le médecin, ce n'est pas nous connaître nous-mêmes, mais connaître ce qui relève de l'avoir, ce qui dérive d'une sphère d'appartenance (131 a) ; et prendre soin de nos richesses, comme fait le banquier, ce n'est ni prendre soin de nous-mêmes, ni même de ce qui nous appartient, mais de ce qu'il y a de plus éloigné de nous (131 bc). Et Socrate d'exposer l'essentiel de sa pensée, qui constitue le pivot du dialogue, à savoir la nature de l'âme (132 d-133 c) ; s'il est vrai que l'œil d'autrui est comme un miroir dans lequel se reflète notre visage, il en va identiquement de son âme, qui renvoie l'image de la nôtre ; bien mieux, de même qu'il y a dans l'œil un lieu privilégié, la pupille, où réside la vertu de l'œil, de même y a-t-il dans l'âme un lieu où réside sa vertu : la partie de l'âme affectée au savoir et à la pensée ; rien n'est plus *Divin* que cette partie-là ; la regarder, c'est connaître tout le divin, un Dieu et une pensée (133 ac). La connaissance de soi conduit à la connaissance de Dieu, se confond avec elle ; l'intellect de l'homme est de nature divine (8). En possession de la sagesse morale, puisque l'on sait *participer* à une raison pure, il convient, purifié, de renouer impassiblement avec la justice, d'aborder le pouvoir avec le détachement et l'impérieuse maîtrise d'une conscience qui sait. « Ainsi donc à moins qu'on ne soit sage et bon, il est impossible qu'on soit heureux ? Ce n'est pas en devenant riche qu'on se libère du malheur, c'est plutôt en devenant sage... Par conséquent, mon cher Alcibiade, les Cités, pour être heureuses, n'ont besoin ni de hauts murs, ni de grandeur, si la vertu leur manque... C'est la vertu qu'il te faut donner en partage aux citoyens » (134 ac). Pour exercer le pouvoir, il convient d'abord de l'exercer envers soi-même, ce qui est maîtrise de soi. « Ainsi, il ne faut te préparer ni à la licence ni à un pouvoir absolu, à l'égard de toi-même et de la Cité, mais à la *justice* et à la *sagesse* » (134 b). Les yeux tournés vers ce qui est « divin et lumineux », toute connaissance essentielle assurée, il est certain que l'on gouverne et que l'on se gouverne avec rectitude et honneur.

Dans une perspective typiquement grecque, le bonheur ne saurait manquer à la vertu, ce qui caractérise l'eudémonisme. Et dans une dernière invocation à son disciple de l'instant, qu'il sait fragile malgré ses dons, Socrate le met en garde contre toute atteinte à la vraie dignité : « La vertu est l'attribut qui convient à l'homme libre ? — Oui — Mais, cher ami, ne faut-il pas fuir la servilité ? — De toutes les manières possibles, Socrate » (135 c). Seule la valeur authentique immanente à l'homme qui a su se convertir à l'essence, à ce qui est une lumière divine, seule la valeur fonde la légitimité dans les domaines de l'éthique et du politique.

*2 Les thèses typiquement platoniciennes contenues dans l'*Alcibiade

Depuis Henri Bergson, il est banal de dire qu'un vrai philosophe n'a jamais voulu dire qu'une chose, peut-être jamais exprimée, mais infiniment simple et qui pourrait se ramasser en une intuition. Peut-être chez Platon, la notion de *participation* serait l'essence de sa recherche, et l'opposerait à une inclination naturaliste comme celle d'Aristote. Car la notion de participation inclut la question de l'*origine* qui est, comme le signale Heidegger *(Chemins qui ne mènent nulle part)*, tout ensemble la possibilité déterminée de l'*existence* d'une chose et la possibilité déterminante de son *essence*. Dans une telle perspective, à l'origine de toute réalité donnée dans le monde du devenir, il y aurait une essence intelligible qui, elle-même, serait dérivée d'un divin qui est au-delà de l'essence : tel serait le schème platonicien de la participation, et que nous trouvons en 133 c. Mais en deçà de cette intuition métaphysique fondatrice, il y a une multitude de thèses — dont quelques-unes s'originent dans la pensée de Socrate, le vrai maître à penser de Platon —, thèses qui jalonnent toute l'œuvre platonicienne. Il n'y a pas de meilleure méthode pour mettre en évidence l'intérêt de l'*Alcibiade* que de les dénombrer.

a / *L'ignorance est à la racine de tous les maux.*

Dans la VIIe lettre (335 b-336 c), Platon flétrit les assassins de Dion, son ami, comme il condamne Denys le Jeune qui a toléré un tel acte, parce qu'il ne voulait pas de la justice comme principe d'organisation de Syracuse. « Les premiers ont mis à mort un homme qui voulait réaliser la justice ; le second s'est détourné de la justice d'un bout à l'autre de son règne, alors qu'il possédait le pouvoir suprême. Et, s'il avait uni authentiquement dans une seule personne la philosophie et la puissance, il aurait répandu sa lumière sur le monde des Grecs comme des Barbares et aurait suffisamment gravé dans l'esprit de tous cette vérité que ni Cité, ni individu ne sauraient être heureux sans une sagesse commandée par la justice, soit que d'eux-mêmes ils possèdent ces vertus, soit qu'ils aient été élevés et instruits dans un climat de justice par quelques maîtres pieux. » La cause du meurtre et de l'injustice institutionnalisée? L'*ignorance,* « un comble d'ignorance dans laquelle chez tous les hommes, prennent racines et bourgeonnent tous les maux ; pour fournir dans la suite à qui les a produits un fruit d'une extrême amertume ».

Propos platonicien constant que celui de l'ignorance, source des dissensions et des maux qui affectent la Cité. Alcibiade, jeune, ambitieux, séduisant, sûr de lui, est un ignorant, et une telle ignorance, qui est inconscience du rôle fondamental de la justice dans l'organisation de la Cité, ne peut manquer de le disqualifier dans ses prétentions politiques (109 d-113 c). Et nous retrouvons dans *Les Lois,* l'œuvre ultime de Platon, les mêmes assertions et presque dans les mêmes termes : « Je dis à présent, pour achever ma démonstration, que ce qui a perdu jadis la puissance dont nous parlons (la royauté dorienne), c'est la plus grave des ignorances, et aujourd'hui cette ignorance a naturellement le même effet ; par conséquent, le législateur doit en toute occurence s'efforcer d'inculquer à l'État toute la sagesse raisonnable qu'il est possible et autant que faire se peut, le purger de sa déraison », (III. 688 e).

La cause de la plupart des fautes, c'est l'ignorance. Et Platon de réintroduire une distinction que l'on trouve dans toute son œuvre et d'abord dans l'*Alcibiade,* c'est que l'ignorance est d'autant plus pernicieuse qu'elle s'ignore elle-même : « Le législateur ferait mieux de diviser en deux cette ignorance : il estimerait que l'une de ses espèces est simple, entraînant des fautes légères, tandis que l'autre est double (9) dans le cas où notre *sottise* implique que nous ne sommes pas victimes de l'*ignorance seulement,* mais encore de l'*opinion que nous sommes savants, nous imaginant avoir une parfaite connaissance des matières que nous ne connaissons en aucune manière* » (IX. 863 c).

Ce motif certainement d'origine socratique, de la perfidie essentielle d'une ignorance qui se croit docte, nous le retrouvons encore dans *Le Banquet,* et dans un énoncé d'une parfaite clarté : « Il n'y a pas de dieu soucieux de philosopher, ni qui désire acquérir le savoir, puisqu'il le possède et qui possède le savoir ne philosophe point. En revanche, les ignorants ne sont pas davantage soucieux de philosopher et ne désirent pas s'élever jusqu'au savoir ; car *c'est essentiellement le malheur de l'ignorance,* que tel qui n'est ni un homme accompli et qui n'est point intelligent, se figure l'être dans la mesure voulue. Celui qui ignore son indigence ne désire donc aucunement ce dont il n'imaginerait jamais être privé » (204 a) (10).

b / La connaissance ne fait qu'un avec la conscience de soi et elle promeut l'homme envisagé dans son essentialité.

La sagesse de Socrate est la rectitude d'un esprit critique, d'un esprit exigeant quant aux conditions de la connaissance vraie : celle qui est consciente de ses raisons et qui résiste aux contradictions de la dialectique. Celui qui sait, sait qu'il sait parce qu'il est conscient des déterminations essentielles qui fondent son savoir. On ne peut réfléchir sans le savoir, discerner sans intention d'opérer un discernement qui suscitera une conscience critique d'elle-même. On sait que jamais Platon ne donne au « Connais-toi toi-même », un sens empirique ou psychologique (ce que la modernité appellerait soit caractérologie soit investigation analytique) ; dans tous les dialogues où il est question de la connaissance de soi, sans doute est-il entendu qu'il ne convient pas de se complaire dans des illusions concernant ses propres capacités (11), mais ce qui est explicitement mis en évidence, c'est que se connaître soi-même c'est dévoiler en soi, par-delà l'individualité, l'origine qui est l'être pensant ; c'est aller à la quête et à la découverte de son âme et la connaissance de l'âme est solidaire de celle du bien (12). Ce n'est que dans l'*Alcibiade* que la formule est exploitée dans toute son ampleur : se connaître soi-même, c'est être conscient que l'homme c'est son âme et que l'âme, par l'intellect et la pensée, est reliée au divin qui constitue son miroir le plus éclatant (132 b-133 d).

La conscience de soi est restituée comme conscience du savoir et transparence de l'esprit à lui-même dans la notion d'une âme-intellect, l'intellection étant l'acte « par lequel l'âme s'applique seule et directement à l'étude des êtres » (*Théétète* 187 a). Dans le *Charmide,* Socrate pose la question de la science et de la critique philosophique (172 b). On ne sait pas véritablement sans savoir qu'on sait. Une connaissance qui escamote la conscience de la valeur de ses motifs n'est pas un savoir. Même si son contenu est vrai. « Réflexion et conscience de soi sont une seule et même chose. C'est la seule connaissance qui soit à la fois connaissance de tout autre savoir et d'elle-même. Rien de ce qui est réel ne se rapporte à soi-même, mais seulement à quelque chose d'autre. La pensée impliquée dans la connaissance de soi est la seule exception (13). »

L'accession à la conscience de soi est, dans de nombreux dialogues, motivée par des questions graves : Quel usage faut-il faire de la vie ? La justice est-elle préférable à l'injustice ? (cf. *La République* 344 d-e, *Gorgias* 472 c et 500 c). C'est en vue de l'éducation ou de l'action politique que l'homme est amené à la *réflexion* (comme dans l'*Alcibiade* en 124 b-127 d). Et c'est en faisant régner en soi l'harmonie que l'homme pourra vivre en amitié avec lui-même et avec les autres, par la seule médiation possible, celle de la justice, sur laquelle s'édifient et l'homme et la Cité.

c / L'art du dialogue et la catharsis.

La catharsis est une purification de l'esprit, de la pensée, des aspirations humaines et éthiques ; par une élucidation toute intellectuelle en son essence, puisqu'en toute opinion et en tout contenu de savoir elle exige la clairvoyance, la perfection et la sagacité du regard, la limpidité des assertions et des raisons, la catharsis prend l'homme tel qu'il est, dans le bouillonnement de ses pensées les plus vagues et les plus approximatives, pour le conduire à une pureté de la réflexion et de la pensée. Cette pensée est génératrice d'une nouvelle vertu, d'essence morale, où la conscience, en harmonie avec elle-même et ordonnée au Bien, se veut plus parfaite qu'elle n'était, plus exigeante envers elle-même et envers autrui dans une nouvelle cohérence où l'intelligibilité est retrouvée. Dans l'*Alcibiade* (comme dans la majorité des *Dialogues*), Socrate est en face d'un personnage : celui-ci est plein de singularité, jeune, beau, ambitieux, sans scrupules, pétri d'orgueil, prêt à toutes les démesures ; et par le seul art du dialogue — qui est un discours réglé, mais ici non dépourvu de ruses — il le conduit à se reconnaître tel qu'il est, doué mais ignorant, riche de la confusion de ses virtualités et sachant enfin qu'il n'est d'accomplissement valable que dans la pratique de la justice et dans la connaissance du fondement qui est la part du divin qu'introduisent en l'âme, l'intellect et la pensée (134 bc).

Le dialogue platonicien est cathartique dans la mesure où il met en évidence les contradictions, rend l'interlocuteur conscient de son non-savoir, réfute les thèses fausses, naïves ou farfelues, et ouvre la voie vers la vérité. L'allègre assurance de celui qui croit savoir et refuse de s'instruire se disloque et ouvre un vide que les habiles questions du judicieux Socrate pourront seules combler : la cohérence du nouveau savoir et la pureté de la vection morale font de l'ignorant un être neuf et vrai (133 d-135 e). Mais le parcours peut paraître long, et à s'attacher aux détails de chacune des questions, on s'aperçoit que sous l'ironie légère et le jeu auxquels semble s'adonner Socrate, il y a la gravité d'une démarche soucieuse de vérité et une génialité jamais en défaut. Alcibiade conscient de ses dons parle à la légère ; dès que Socrate lui pose des questions, il dit tantôt une chose, tantôt une autre : il extravague, il erre (116 e et 127 d). Et cette errance sera exploitée d'une manière très philosophique, puisqu'elle s'annulera dans un nouveau savoir qui lèvera toute contradiction. Les assertions étourdies relatives au même objet et opposées entre elles ramènent l'ignorant à la modestie et le rendent accueillant à la rectitude du concept et à la rigueur du jugement (127 e et 134 ce). Dans le *Sophiste,* Platon décrit lui-même cette méthode car il ne croit guère, pour la recherche de la vérité, en l'admonestation : toute ignorance étant involontaire, celui qui se croit sage ne consentira jamais à s'instruire de ce qu'il croit savoir et la forme admonestative de l'éducation obtient « un bien maigre résultat » (230 a). C'est pourquoi il faut préférer le dialogue où les pensées s'affrontent et s'éclaircissent dans leur choc mutuel. Ainsi, il convient d'interroger « un homme sur les points dont il peut s'imaginer qu'il parle pour dire quelque chose, alors qu'il en parle pour ne rien dire. Puis vérifiant facilement la vanité d'opinions aussi errantes et les rassemblant dans leur propos dans une même critique, on les confronte les unes avec les autres ; puis, ce faisant, on fait voir qu'elles sont, sur les mêmes objets, au même point de vue, sous les mêmes rapports, mutuellement contradictoires (14). Ce que voyant, les personnes interrogées se fâchent contre elles-mêmes alors qu'elles s'adoucissent à l'égard d'autrui. Par un tel traitement, les défenseurs d'une opinion sont délivrés de l'idée délirante qu'ils ont d'eux-mêmes, si orgueilleuse et cassante qu'elle soit — délivrance qui de toutes est la plus agréable pour l'assistant qui l'écoute — et pour celui qui fait cette expérience, la plus efficace » (230 bc). C'est par une telle purification que l'ignorant est amené à ne savoir que ce qu'il sait et pas davantage. Car partout où s'exerce l'action corrosive de la contradiction, surgit l'évidence du caractère irréfutable de la vérité. C'est pourquoi, de la critique et de la réfutation, on doit dire qu'elles sont les plus importantes des purifications et les plus souveraines. « Rester soustrait à cette épreuve, c'est, fût-on le Grand Roi, ne pas être purifié des plus grandes souillures, être dépourvu d'éducation, être laid en cette part de soi-même où la plus grande pureté, la plus parfaite beauté est requise pour qui veut accéder à la vraie béatitude » (230 e).

Quelle est la raison profonde de cet attachement de Platon au dialogue ? C'est que le dialogue philosophique est la pensée elle-même qui s'accomplit et se détermine. A tel point que la pensée est le discours immanent à l'âme ou le dialogue de l'âme avec elle-même. Le discours intérieur et silencieux est l'être même de la pensée, son inévitable texture. « C'est ainsi que je me figure l'âme en son *acte de penser ;* ce n'est pas autre chose pour elle que de *dialoguer,* s'adresser à elle-même les *questions* et les *réponses,* passant de l'*affirmation* à la *négation.* Quand elle a, soit dans un rythme plus ou moins long, soit aussi dans un élan plus rapide, déterminé son arrêt, que dès lors elle reste invariable en son affirmation et ne doute plus, c'est là ce que nous posons être, chez elle, opinion. En sorte que cet acte de juger s'appelle pour moi discourir, et l'opinion, un discours exprimé, non certes devant tel autre et oralement, mais silencieusement et à soi-même » (*Théétète* 189 e-190 b).

Le dialogue, lorsqu'il est interpersonnel, repose sur une bienveillance qui est apparentée à l'humour ; tel personnage, Socrate ou l'Étranger, qui est en quête de vérité, articule le discours à travers les questions et les réponses. Et ce qui est essentiel c'est l'*accession au vrai,* l'individualité s'effaçant devant eux. A maintes reprises, Socrate propose une thèse (15), qui amorce une recherche nouvelle, car il est nécessaire que l'on dispose d'un point d'appui (16). Il est nécessaire qu'Alcibiade et Socrate mettent en évidence le principe indiscutable et conforme à la raison, indépendant des inclinations personnelles : il convient d'inverser l'attitude naturelle, soucieuse de promouvoir *sa vérité,* indépendamment de *la vérité.* Ce qui est évasif ou oiseux doit être écarté (17), car ce qui importe, c'est le *consentement* à la seule *vérité.* Une seule obligation s'impose au *dialecticien :* c'est d'obliger, en toute occurrence, à être avide de vérité, car elle seule contraint à la quête impatiente, à la recherche inlassable, à une sincérité d'autant plus désirée qu'elle a été occultée (18).

Le personnage d'Alcibiade, parfois alambiqué et tortueux dans la discussion parce que, plein d'assurance, il ignore son ignorance, deviendra au moins pour un temps, un jeune homme docile et soucieux de justice en fin de dialogue ; ses aventures politiques ultérieures montrent, en effet, que la thérapeutique socratique n'a pu triompher de ses aspirations multiples, effrénées, diffuses et contradictoires.

d / La conjonction des fins : le bien, le beau, le juste, l'utile.

C'est une thèse constante dans la pensée platonicienne, que celle d'une conjonction des fins ultimes de la contemplation et de l'action (développée dans l'*Alcibiade* en 113 b-116 c). C'est que tous les biens dérivés, richesse et pouvoir, santé et beauté, courage, tempérance et intelligence s'originent dans le Bien qui est un absolu ontologique. Dans *La République* (livre VI, 505 a-509 c), Platon met en évidence la causalité transcendante du Bien. Le Bien est à l'origine de toute réalité (puisque tout être qui n'est pas par soi est par participation, la participation suscitant la relation de causalité). Le Bien est à l'origine de l'essence et de l'existence, quoiqu'il ne soit point essence, mais dépasse l'essence « en majesté et en puissance » (*La République* 509 b). Le Bien est diffusif de soi et de l'être ; il y a une causalité diffusive du Bien : *métaphysiquement* d'abord, rien n'échappant à la causalité du Bien, tout ce qui est, résultant de sa diffusion ; *ontiquement* (19) ensuite, la diffusion s'opère d'une manière plurale selon des degrés d'être et aboutit à une diversité d'« étants » (de réalités diverses), chaque degré d'être et les « étants » qui lui appartiennent, se définissant par leur proximité relative au Bien ; *ontologiquement* (20) enfin : le Bien suscite l'être et confère l'essence aux « étants ».

Ainsi la parenté des êtres dans l'être ordonné au Bien est la raison de la connexion des êtres et la raison de leur convenance. Désirer un bien dérivé (richesse ou force ou courage) c'est, en fin de compte, désirer un bien apparent qui n'est que l'expression symbolique du Bien en soi qui en est la source. C'est la proximité ontologique de l'âme au Bien qui permet de découvrir ou de valoriser tel ou tel bien concret. C'est parce que l'âme est « capable » du Bien, qu'elle perçoit, comme en un jeu de miroirs, les biens qui sont relatifs à une condition humaine qui ne peut que *symboliser* avec une vie parfaite (chez Platon, il y a, en effet, une *fracture ontologique* entre le *monde intelligible* des Essences et du Bien, et le *monde visible* frappé de finitude et d'imperfection — et qui s'épuise dans un *devenir* qui lui est essentiel, à reproduire l'éclat de l'Intelligible).

La conjonction des biens dans le Bien est attestée dans l'œuvre de Platon et surtout dans le *Philèbe*, dialogue de l'extrême maturité. A la recherche de la vie parfaite, l'âme rencontre le plaisir comme problème. Dans l'échelle des biens, il lui sera accordé une place très relative, après la mesure, la proportion, la beauté, l'intellect, la sagesse, les sciences, les arts, — au cinquième rang (*Philèbe* 66 a-67 b). Car ce qui est premier et fondement, c'est l'effusion du Bien dans la beauté, la proportion, la vérité : « Par conséquent, si nous ne sommes pas à même de saisir le Bien sous un seul caractère, appréhendons-le sous trois, beauté, proportion, vérité... » (65 a). Il y a là une révélation ternaire du Bien, alors que celui-ci est le fondement ultime de la révélation réciproque du connaissant et du connu et qui permet leur ouverture mutuelle l'un à l'autre, comme l'affirmait Platon en *La République* (VI, 509 b) ; il est, en effet, un éclairant qui ne saurait être éclairé. C'est pourquoi il est noté, dans le *Philèbe,* que « nous ne percevons que la puissance du Bien qui s'est réfugiée dans la nature du beau, car la mesure et la proportion assurent partout la réalisation de la beauté et de la vertu » (64 e). De même que le Bien communique la vérité aux objets connaissables (c'est-à-dire les rend *manifestes*) et dispense à l'intellect la faculté de connaître, qu'il est la lumière de l'être et de l'intellect, de même il est le fondement de tous les biens qui sont ainsi en connexion et en réciprocité. Le Vrai et le Beau (et au-dessous les biens dérivés) sont la transparence de la réalité suprême, elle-même au-dessus de l'essence.

Si Socrate insiste tant, dans l'*Alcibiade,* sur cette connexion, c'est que son jeune ami risque à tout moment de se méprendre et de s'attacher à des biens apparents (le pouvoir absolu, l'adulation par la foule). « Quand il s'agit de choses bonnes, personne ne se contente d'en posséder d'apparentes ; au contraire, ce sont les biens réels que tout le monde recherche, sans conférer quelque prix que ce soit, dans ce domaine, à l'apparence » (*La République.* VI, 505 d).

e / L'âme, essence intelligible de l'homme.

Comme le remarque Karl Jaspers (21), avant Platon, l'âme désignait une essence à l'intérieur du cosmos, ou une force vitale, immortelle en tant qu'ombre ou dans une nouvelle naissance, ou dans les peines de l'enfer (22). « Platon conçoit l'âme au-delà de ces représentations et en deçà de ces mythes, comme ce que l'homme est dans son être propre, comme son essence intelligible. » Dans l'*Alcibiade,* les thèses de Platon sont claires : au terme d'une série de réductions, il distingue deux sphères d'appartenance, ce qui est à soi et ce qui dépend de ce qui est à soi, et une sphère de l'*être soi-même* (133 d). Et l'homme en son fond propre, en son être profond, c'est son âme (133 c), car il ne peut être son corps, puisque l'âme a une fonction originairement hégémonique sur le corps, elle commande et il obéit. D'autre part cette âme par l'intellect et la pensée a relation au divin : « C'est au Divin que ressemble cette vertu de l'âme, et quand on jette le regard vers elle et que l'on reconnaît tout ce qu'elle a de divin, Dieu et la pensée, c'est alors qu'on est bien prêt de se connaître soi-même » (133 c). La démarche intellectuelle de l'*Alcibiade* sera reprise en un raccourci saisissant dans le *Phédon :* « Lorsque l'âme et le corps sont joints ensemble, la nature assigne à ce dernier servitude et obéissance, à la première commandement et maîtrise. Dans cette perspective, quel est, penses-tu, celui qui ressemble à ce qui est divin et celui qui est semblable à ce qui est mortel? Ne t'apparaît-il pas que ce qui est divin soit par nature fait pour commander et pour diriger, ce qui est mortel, au contraire, pour obéir et pour être esclave? » (80 a). Et, au livre IX de *La République,* la parenté au divin ou plutôt, l'intériorité du divin à l'âme, garantit l'égale dignité et l'amitié de tous les hommes : « Il n'est rien de plus avantageux à chacun que d'être gouverné par un être divin et sage, soit qu'il habite au-dedans de nous-mêmes, ce qui serait le plus souhaitable, soit au moins qu'il nous gouverne du dehors, en sorte que soumis au même régime, nous devenions tous semblables et amis, dans la mesure du possible » (590 d) (23).

Le portrait du philosophe, brossé dans le *Théétète,* le montre en prise avec « le mal qu'il n'est pas possible d'abolir », si bien qu'il faut « s'enfuir le plus vite possible d'ici-bas vers là-haut », vers le divin. Or, la fuite consiste à se rendre semblable à Dieu, dans la mesure du possible : et se rendre semblable à lui, c'est être devenu juste et saint dans la clarté de la pensée » (176 a-b). Assertion très proche de l'esprit du texte de l'*Alcibiade,* en 133 c, à cette différence près, qu'une parenté ou une proximité, doit se transmuer en une assimilation ou une similitude (24). Dans cette perspective, la finalité de la pensée platonicienne est de faire se rejoindre le divin en l'homme au divin en soi : c'est dans cet écart qu'il convient d'annuler que résident la libération et le salut.

La similitude de l'âme et du divin est une pensée que Platon se plaît à rappeler et à magnifier dans *Les Lois,* le dernier dialogue. « De tous les biens qui nous sont donnés en partage, il n'en est pas de plus intime, qui soit en nous plus divin que notre âme. » Honorer son âme, c'est « honorer davantage en nous la partie qui commande que celle qui obéit ». Si l'homme est double en sa personne, c'est qu'il a « deux parties, l'une puissante et de bonne qualité qui commande, et l'autre faible et de moindre valeur, qui doit obéir » (V. 726 a sq.). Au lieu d'honorer son âme, que de fois, par intérêt, par goût du plaisir, par fascination des richesses, on la déshonore. « C'est tout ensemble l'honneur et la beauté de son âme que l'on vend pour un peu d'or : tout ce qu'il y a d'or à la surface et au-dessous de la terre ne s'échange pas à égalité contre la vertu » (738 a). En revanche, celui qui sait que Dieu et non l'homme est la mesure de toutes choses s'assimile autant que possible à lui ; « Le sage... sera cher à la Divinité, puisqu'il lui ressemble » (IV. 716 c-d).

La méditation platonicienne sur l'âme ordonnée au divin s'effectue donc sans rupture de continuité. Mais dans l'entre-deux qui sépare l'*Alcibiade* des *Lois,* il y a une richesse de recherche et d'approfondissement tout à fait remarquable. Dans nombre de *Dialogues,* Platon, s'interrogeant sur le statut et l'essence de l'âme, se livre à une réflexion somptueuse et diversifiée à l'extrême. L'*âme-intellect* du *Théétète,* atteinte au terme d'une analyse réflexive qui est un modèle de rigueur (184 b-187 a), détecte dans le jugement l'être et sa vérité. C'est dans l'intellect que l'être se donne à l'âme par la médiation de significations fondamentales qui permettent tout discours sur le réel. Toutes les gnoséologies ultérieures seront tributaires de cette intuition. L'*âme-intermédiaire* du *Phédon,* du *Phèdre,* du *Ménon,* du *Timée,* opère une liaison entre le sensible et l'intelligible. Proche parente de l'Idée, elle a rapport au sensible et aux réalités mondaines. Est ouverte ici, une perspective ontologique où l'on se demande quel est le statut de l'âme dans l'ensemble des êtres. L'*âme-principe de vie* du *Phèdre,* du *Phédon,* des *Lois,* du *Timée,* est organisation, activité informatrice, auto-motricité. Elle a une fonction cosmologique et physique, puisqu'elle est chargée de rendre compte de l'arrangement des organismes et de l'ordonnancement de l'univers ; en langage contemporain on la dirait *structure,* puisqu'elle renvoie à l'idée d'une configuration ordonnée d'éléments divers constitués en totalités. L'*âme-acte radical et origine existentielle* du livre X de *La République* (le Mythe d'Er) est l'origine du moi, liberté initiale, inaugurant un style de déterminations éthiques : elle précise la notion de subjectivité, puisqu'elle est cause primordiale, liberté qui se détermine, garantissant le pouvoir de se faire et de se choisir.

Toutes ces directions de la recherche platonicienne sont importantes, car en inaugurant d'une manière rationnelle et philosophique la problématique de la subjectivité, Platon a obligé toute conscience philosophante à se situer relativement à lui.

f / Les deux orientations immanentes à la condition humaine.

L'argumentation de l'*Alcibiade* consiste à partir de la considération des ambitions politiques d'un jeune homme avide de pouvoir, pour s'élever jusqu'aux exigences éthiques de la justice et à la méditation métaphysique du « Connais-toi toi-même » ; la fin du dialogue se recourbe sur le politique et ses véritables dimensions, découverts grâce à un regard renouvelé et une lucidité différente. L'existence telle qu'elle est donnée à une conscience enserrée dans des préjugés naïfs et des préventions aux fausses évidences est inauthentique : il convient d'opérer une conversion par la réflexion et le savoir, d'accéder à un plan où se révèlent les fondements, pour revenir avec un esprit neuf aux réalités que l'on a quittées pour mieux les modeler selon ce qui s'est philosophiquement révélé comme authentique et essentiel.

Il y a deux orientations fondamentales de l'existence : celle qui consiste à quitter le monde des apparences pour s'ouvrir à ce qui ontologiquement est essentiel et en un sens éternel; celle qui oblige à revenir à ce monde pour y œuvrer et le marquer du sceau de la vérité. Ce double mouvement se retrouve dans *La République* et *Les Lois.* Que l'on songe à l'allégorie de la Caverne (*La République* 514 a-521 b) où il est montré qu'il convient de transcender le monde des êtres communément perçus et naïvement appréhendés, contempler le soleil, symbole de la lumière intelligible, mais ne pas escamoter un nécessaire retour parmi les ombres afin de témoigner de l'être et de sa vérité. Philosopher, c'est viser l'être comme projet, puis s'y relier comme origine. Moment souverain qui atteste la *conversion,* où la transmutation du réel est contemporaine d'une transfiguration de l'âme et de sa présence au monde, aux êtres et aux choses. La dialectique ascensionnelle de l'âme oblige à quitter l'*ici* pour l'*ailleurs,* afin d'accéder à l'être; mais la descente, le retour au monde sont nécessaires afin de participer par devoir au labeur des hommes, à présent toutefois dans la lumière de l'être. « Vous devez donc, chacun à votre tour, descendre dans la demeure commune des hommes et vous accoutumer à regarder les ombres obscures : car une fois habitués à l'obscurité, vous y verrez mille fois mieux que les autres, et vous reconnaîtrez chaque image et ce qu'elle représente, parce que vous aurez *contemplé les véritables exemplaires du beau, du juste, et du bien* » (*La République* 520 c). La conversion platonicienne n'est pas recherchée pour elle-même, elle ne veut point s'achever en extase : elle est une manière de retrouver une essentielle présence au monde, parce qu'elle intégrera les exigences de ce qui a été métaphysiquement dévoilé comme conforme à l'essence. De l'*Alcibiade* au début du livre VIIe de *La République,* l'homothétie est réelle.

g / La justice comme fondement des relations humaines.

« Il ne pourra jamais y avoir de bonheur, ni pour un État, ni pour aucun individu, à moins que son existence ne s'écoule tout entière dans l'obéissance à une *justice* accompagnée d'intelligente sagesse » (VIIe lettre 335 d). Ce passage dans lequel Platon résume toute sa philosophie politique pourrait tout aussi bien résumer les recherches de l'*Alcibiade.* A deux reprises, Socrate ramasse toute son argumentation dans cette affirmation de la justice comme fondement éthique, comme condition du bonheur et de l'harmonie à l'échelle de l'individu ou de la Cité : « Lorsque dans une Cité les citoyens se conduisent d'une manière juste, une amitié mutuelle ne naît-elle pas ? » (127 c). « Car en agissant avec sagesse et avec justice, toi et la Cité, vous agirez d'une manière agréable à la Divinité » (134 d).

Mais il est permis de se demander en quoi consiste cette justice présente dans les grands dialogues de la maturité et de la vieillesse (en particulier *La République* et *Les Lois*), en adoptant ainsi le souci platonicien d'une détermination de l'essence. La justice est d'abord la relation de l'âme à la totalité de l'être. La lucidité d'une pensée qui conquiert la connaissance des essences et de leur hiérarchie, telle est l'origine du dévoilement du juste. La conscience naïve est originellement fascinée par la diversité tourbillonnante du sensible : lorsqu'elle s'élève à l'intelligible, elle devient capable de dominer le multiple et de placer toute réalité selon l'ordre. Dans *Les Lois,* en 965 b-d, Platon condense sa pensée sur la justice, dont la vertu est le centre irradiant, par une méditation sur l'un et le multiple. « Ne disions-nous pas qu'en ce qui concerne chaque chose en particulier, un homme compétent aussi bien qu'un Gardien (de la Cité) doivent, s'ils sont éminents dans leur discipline, ne pas être capables seulement de porter le regard en direction de ce qui est multiple, mais être impatient aussi de connaître ce qui est un et, lorsqu'ils en ont acquis la connaissance, de tout ordonner par rapport à l'Un dont il s'agit, grâce à la vision d'ensemble qu'ils ont de cette multiplicité ? » La justice c'est la connaissance des biens, non pas conçus parcellairement, mais ordonnée à une totalité parfaitement hiérarchisée. Dans l'*Euthydème* (289 sq. et 290 b sq.), Platon montre d'une manière très concrète que toute activité technique est productrice d'un bien, qui doit lui-même être référé à une technique d'un ordre supérieur (c'est l'écuyer et non pas le sellier ou le forgeron, qui jugera de la perfection de la bride et du mors (*La République* 601 c). Si toute action est orientée vers la production d'un bien, encore faut-il que la totalité des actions destinées à promouvoir l'homme, se rassemble en une conscience synthétique des fins poursuivies : elle seule est capable d'ordonner des biens partiels et limités, au Bien absolu. La justice est une conscience synthétique des biens intégrés à un ordre. C'est la notion d'*ordre,* à laquelle la juste mesure et la proportion géométrique sont sous-jacents, qui rend compte de l'organisation structurelle des biens en quoi consiste la justice. « Il faut concentrer tous ses efforts et tous ceux de la Cité vers l'acquisition de la *justice* et de la tempérance, comme condition du bonheur ; il faut rapporter tous ses actes à cette fin et ne pas permettre aux passions de régner sans *mesure* et ne pas consentir, pour satisfaire leur avidité, à mener une vie de brigand. Un tel homme ne saurait être aimé ni des hommes ni de Dieu. Car il ne peut lier société avec personne, et sans société, point d'amitié. Les savants, Calliclès, affirment que le ciel et la terre, les dieux et les hommes sont unis ensemble par l'amitié, le respect de l'ordre des choses, non le désordre ni le dérèglement. Mais il me semble que tu n'y prêtes guère attention, malgré toute ta science, et tu oublies que l'égalité géométrique est toute puissante parmi les dieux comme parmi les hommes. Tu penses, au contraire, qu'il faut travailler à l'emporter sur les autres : c'est que tu négliges la géométrie » *Gorgias* (507 d-508 a).

La réalisation d'une hiérarchie en l'homme et en la société, telle est l'essence de la justice. La justice instaure un ordre, dompte une diversité, établit une harmonie, alors que l'injustice est séparation, solitude, incohérence (*La République* I. 351 c-352 c). Et d'abord la justice en l'homme consiste à établir une hiérarchie entre les puissances de l'âme : l'intellect, la colère, le désir. Car l'âme est trivalente, elle est une et multiple. On le devine, la justice consiste à assurer la prévalence de l'intellect qui discerne, connaît, accède aux Essences, à lui soumettre entièrement le désir par le truchement de la colère (θυμός), qui participe à la fois à l'intellect et au désir et peut donc assurer une fonction de médiation (*La République* 440 b-441 b). En la société, qui offre une structure amplifiée, en gros caractères de ce qui pourrait se lire en petit texte dans l'âme de chacun, la justice consiste à ordonner les classes sociales, en sorte qu'elles soient subordonnées au tout, c'est-à-dire au bien commun. La fonction économique, avec sa division professionnelle du travail, sera contrôlée par la fonction guerrière qui assure la sauvegarde de la liberté publique ; celle-ci à son tour obéira aux Gardiens parfaits de la Cité ou archontes (gouverneurs), magistrats capables de se hausser au niveau de la détermination rationnelle. Ainsi s'instaure dans l'État, aussi fidèlement que possible, le reflet des Essences bien « ordonnées et immuables qui ne se nuisent pas les unes aux autres » et qui, au contraire, sont toutes sous la loi de l'ordre et de la raison (*La République* 500 c). Si la justice préside à la Cité et y réside, celle-ci est un modèle de diversité bien organisée en totalité.

Ainsi la justice, dans le platonisme, doit être replacée dans son contexte qui est à la fois d'essence ontologique et d'essence éthique, ce qui explique, à la fin de l'*Alcibiade,* la promesse du bonheur donné en partage. Les considérations platoniciennes concernant la justice, bonne en elle-même et fructueuse dans ses effets, paraissent situer la réflexion morale dans un climat de sagesse très humaine et proposer à l'honnête homme grec un idéal de probité heureuse où le bonheur ne saurait jamais manquer à la vertu. Il semble même qu'il y ait une sorte d'invocation à la vie vertueuse, tant il est vrai que l'idéal de perfection morale a du mal à se garder de la prédication. En fait, toute réflexion sur la conception platonicienne de la vertu doit, pour être fidèle, restituer d'abord l'horizon sur lequel se découpe toute notion de vertu. L'intellectualisme moral de Platon est, en fait, une invitation à se détacher d'une subjectivité oiseuse, qui ne saurait être juge de rien, pour laisser transparaître les exigences de l'Être et du Divin dont toute réalité procède. La conversion éthique est une manière de se rendre transparent à l'Essence sans que nous ne puissions y ajouter quoi que ce soit. Y ajouter serait, en effet, plaquer l'accidentel et le dérivé sur l'essentiel : entreprise de défiguration et non de perfectionnement. La mystique occidentale, qu'elle soit spéculative ou chrétienne, a toujours repris cette intuition platonicienne; l'union avec le Principe suppose une sorte de purification, où le vide du détachement de soi-même à soi-même permet d'abolir une subjectivité brouillonne ou folle (25). Le salut ne dépend pas d'un vouloir créateur : ce qui dépend du vouloir c'est de surmonter les obstacles ou de passer de la crispation à la docilité, car l'origine du salut est l'affirmation en l'homme d'une vérité que la raison reconnaît.

*3 La postérité de l'*Alcibiade

La grande originalité de l'*Alcibiade,* est une affirmation théologique dont la portée considérable n'est aperçue que si l'on se réfère à l'influence du dialogue dans l'histoire de la pensée. Le mot même de théologie est une création de Platon (*La République* II. 379 a), et comme l'observe Karl Jaspers, il a créé la chose, fondant ainsi la théologie de l'Occident. « A partir d'Aristote, ce mot devient un terme consacré. Les Églises chrétiennes et l'Islam s'approprièrent cette création de la philosophie (26). » En effet Platon, tout au long de son œuvre, parle de Dieu; et, dans l'*Alcibiade,* il avance que Dieu peut être atteint dans la connaissance de soi-même. Il y a là une sorte de point de départ, d'origine fondative, qui tiennent tout entier dans une réflexion sur le Γνῶτι σαυτόν. Toutefois la connaissance de soi n'est pas l'effet d'une réflexion directe sur soi, mais d'un processus plus subtil qui inclut le détour par la connaissance d'autrui : si l'œil ne peut se voir lui-même, s'il ne se reflète, tel en un miroir dans un autre œil, et singulièrement dans sa pupille, l'âme quant à elle, pour se connaître elle-même, doit tourner ses regards vers une autre âme, et plus précisément vers sa partie intellectuelle (132 d-133 b). La partie intellectuelle de l'âme étant divine, la contempler suscite, non seulement la meilleure connaissance de soi-même, mais encore la connaissance de tout le divin et de Dieu (133 c : « C'est... au Divin que ressemble cette capacité de l'âme, et quand on jette le regard vers elle et que l'on reconnaît tout ce qu'elle a de divin, Dieu et la pensée, c'est alors qu'on est bien prêt de se connaître soi-même. ») Comme le remarque Jean Pépin, « ce passage suffit à donner corps à la doctrine selon laquelle l'intellect humain est comparable à un miroir qui permettrait d'apercevoir un reflet authentique de la divinité... Dieu perceptible dans le reflet qu'offre de lui l'intellect humain, voilà l'idée qui appartient indiscutablement au dialogue, et dont on trouvera de nombreuses reprises dans l'héritage platonicien (27) ».

ARISTOTE

Certains passages de l'œuvre d'Aristote semblent évoquer des thèses de l'*Alcibiade ;* cependant, il ne faut pas oublier que le disciple, qui pense souvent contre son maître, adopte des perspectives très différentes, en particulier dans ses vues anthropologiques, où l'homme est conçu d'une manière fortement unitaire, dans une implication de l'âme et du corps, l'âme étant la forme du corps ; l' « ousia » ou la substance est le seul réel donné dans la solidarité de l'âme et du corps ; la décomposer ne peut relever à la limite, que d'un artifice analytique : ni matérialisme qui réduit l'âme à une résultante du corps, ni spiritualisme qui fracture la complémentarité de l'âme et du corps.

D'autre part, le naturalisme aristotélicien consiste à biffer la notion de participation : à celle-ci est substituée celle d'une hiérarchie des réalités s'étageant de matière à Dieu, qui est acte pur, pensée de la pensée (νόησις νοήσεως) intellect souverain.

Cependant Aristote, en son *Éthique à Nicomaque,* se fait l'écho des conceptions de l'*Alcibiade :* « La partie pensante de notre être, constitue, semble-t-il, chacun de nous... Chacun de nous est constitué essentiellement, ou tout au moins dans la plus grande mesure possible, par sa faculté de penser » (livre IX. 4). En outre le bonheur réside dans le déploiement d'une activité : parmi les activités, les unes sont souhaitables pour une raison autre qu'elles-mêmes (la justice, les fins pratiques de la politique), d'autres sont souhaitables pour elles-mêmes (livre X. 6). Ainsi, l'homme vertueux aura une activité qui se déploiera selon la vertu la plus parfaite et sa capacité la plus haute : tel l'*intellect,* à qui semblent appartenir, par nature, l'*empire* et le *commandement,* comme la notion de ce qui est *beau* et *divin;* cet intellect est divin ou ce qu'il y a *en l'homme de plus divin;* c'est l'activité et le déploiement de cette part qui est en lui (conformément à sa vertu et à sa capacité propre) qui constituent le bonheur parfait (livre X. 7). C'est pourquoi la contemplation procure un bonheur plus parfait et plus continu que l'action. La sagesse comportera donc des plaisirs merveilleux, autant par leur pureté que par leur solidité. Dans la contemplation, l'homme s'élève, en quelque sorte, au-dessus de la condition humaine. « L'homme ne vit plus alors en tant qu'homme, mais en tant qu'il possède quelque caractère divin... Si donc, l'intellect relativement à l'homme est un attribut divin, une vie accordée à l'intellect sera certes, relativement à l'existence humaine, véritablement divine. Point n'est besoin de prêter l'oreille aux gens qui nous conseillent, puisque nous sommes des hommes, de ne songer qu'aux soucis humains et, sous prétexte que nous sommes mortels, de renoncer aux choses immortelles. En revanche, dans toute la mesure du possible, il nous faut nous rendre immortels, et tout faire pour vivre selon la partie la plus excellente de nous-mêmes, car le principe divin, si menu qu'il soit par son volume, l'emporte, et de beaucoup, sur toute réalité par sa puissance et sa valeur... Ce qui est accordé à l'homme, c'est donc la vie selon l'intellect, puisque l'intellect constitue essentiellement l'homme. Une telle vie est parfaitement heureuse » (livre X. ibid.).

Dans ces textes nous retrouvons formellement deux thèses de l'*Alcibiade :* une conception hégémonique de l'âme relativement au corps (28); une essence divine reconnue à la partie pensante de l'âme.

LES STOÏCIENS

Les anciens stoïciens, Cléanthe et Chrysippe, disaient que l'homme se définit par sa seule âme (29). Et Zénon de Cittium attribuait comme véritable résidence à la Divinité, l'intellect humain, et même le regardait comme Dieu, ce qui est une interprétation fortement accentuée de l'*Alcibiade* en 133 c. Cette conjonction de la définition de l'homme par l'âme seule et de la divinité de l'intellect laisse évidemment à penser.

Dans le stoïcisme impérial, Epictète occupe une place à part, tant ses assertions paraissent se référer à l'*Alcibiade* : l'homme n'est pas son corps, mais il est identique à ses *jugements.* Plusieurs mentions du « Connais-toi toi-même », et particulièrement de la connaissance de soi comme condition de la véritable beauté, montrent que ce dialogue est une source non négligeable de la conception de l'homme que se fait Epictète. Et celui-ci d'amplifier les vues sur le caractère divin de l'intellect de l'homme : diverses notations sur l'homme parent de Dieu, fils de Dieu, *fragment détaché* de Dieu, le prouvent. « Ce ne sont pas tous les constituants de l'homme qui attestent la parenté divine, mais son âme, et plus encore dans cette âme, l'intellect (νοῦς), la science, la raison, la pensée, le jugement, le pouvoir de choisir : regarder la raison comme la faculté commune à l'homme et à Dieu est banal dans le stoïcisme, notamment à la basse époque ; on doit néanmoins observer que les stoïciens prolongent en cela une idée de l'*Alcibiade* (30). » Au surplus, dans la classification des biens, Epictète distingue l'âme, le corps et ce qui appartient à l'extériorité ; c'est évidemment l'âme qui a valeur d'importance, car il convient d'en prendre soin soi-même (31), alors que l'on se décharge sur des tiers du soin des biens corporels et extérieurs ; en outre, la substance du bien qui est identique à Dieu ne consiste pas en richesses, mais en intellect et raison. On trouve des remarques analogues chez Marc-Aurèle : l'intellect est une parcelle divine dont nous participons, à qui nous devons révérence, c'est Dieu même descendu de l'au-delà (32). Il y a là une référence intentionnelle aux thèmes de l'*Alcibiade* et à la tradition qu'ils ont engendrée.

LES AUTEURS CHRÉTIENS

C'est surtout dans les milieux intellectuels d'Alexandrie que la philosophie platonicienne a trouvé, aux premiers siècles de notre ère, le plus d'échos, et si l'on sait le rayonnement qu'eurent les spéculations alexandrines, on ne s'étonnera pas de les retrouver dans tout le pourtour de la Méditerranée.

Il convient d'abord de signaler deux pierres d'achoppement qui empêchèrent les premiers Pères de l'Église d'adopter, sans précautions, le platonisme tel qu'il résidait dans les œuvres écrites ou les enseignements des continuateurs. Tout d'abord la doctrine de la Résurrection, qui implique que le corps (transfiguré) soit sauvé autant que l'âme. C'est un homme total qui est l'objet du salut, puisque la vie a été donnée à l'homme et non à l'âme ou au corps pris séparément. La seconde raison qui ne permettait pas aux philosophes ou aux théologiens chrétiens de se rallier sans nuances aux thèses de l'*Alcibiade* est le dogme de l'Incarnation, au terme duquel l'homme total ne pouvait être sauvé que s'il avait été assumé dans sa totalité par le Verbe : c'est le corps, l'âme et l'intellect humains qui ont été susceptibles d'être divinisés par la présence du Verbe de Dieu dans la personne de Jésus. Dieu est devenu homme pour que l'homme devienne Dieu : « Il s'est fait homme, afin que nous soyons faits Dieu (33). »

Toutefois, la plupart des Pères accueillirent les thèses platoniciennes avec une certaine faveur. D'une part, les versets de la Genèse 1. 26, présentent l'homme fait selon « l'image et la ressemblance » de Dieu. Nous retrouvons ici le doublet platonicien « parenté avec le divin-assimilation à Dieu », à cette différence que si l'homme est à l'*image* de Dieu par la création, il ne devient à sa *ressemblance*, qu'en participant à l'Esprit, comme le soulignent Irénée (vers 120-200 ap. J.-C.) et Origène (185-254 ap. J.-C.). D'autre part, la doctrine du Verbe incarné permettra de mieux comprendre le lien de l'homme à la Transcendance. Clément d'Alexandrie (160-220 ap. J.-C.) n'hésitera pas à écrire que de même que le Verbe divin est à l'image de Dieu, de même l'homme véritable, c'est-à-dire l'intellect qui est dans l'homme, est l'image du Verbe : ainsi c'est par la médiation du Verbe, auquel il est assimilé par sa nature intellective, que l'homme est dit avoir été fait à l'image et ressemblance de Dieu (34).

On voit par là, que la prévalence de l'âme affirmée dans l'*Alcibiade,* est souvent acceptée par les Pères, tels Origène et saint Basile (329-379 ap. J.-C.), qui énoncent avec décision que l'intellect et la raison constituent la totalité de la nature humaine (35). Quant à Origène, répondant aux païens qui reprochaient aux chrétiens leur répugnance à établir des autels et des temples, il déclare que les autels des chrétiens sont l'intellect de tout homme juste, d'où monte cet encens intelligible que constituent les prières d'une conscience pure ; que les statues dignes de Dieu sont les vertus imprimées par le Logos dans l'âme raisonnable et que ces effigies sont destinées à subsister aussi éternellement que l'âme même. C'est donc bien l'intellect du croyant qui porte l'effigie divine (36). Quant à la médiation du miroir (132d-133c) figuré par une âme semblable à la nôtre, et la parenté divine de l'intellect, on la retrouve chez Clément d'Alexandrie (37) et chez saint Grégoire de Nysse (vers 330-400 ap. J.-C.) — ce dernier renvoie l'âme à son archétype divin, en Dieu, immatérielle pensée, serrant au plus près l'image du Dieu-miroir des choses humaines de 133c.

Une référence précise à la Bible (Deutéronome 4,9) livre le précepte suivant : Πρόσεχε σεαυτῷ « Sois attentif à toi-même. » Cette formule sera pour les chrétiens l'équivalent du « Connais-toi toi-même », à tel point que saint Basile n'hésite pas dans une homélie à en donner une interprétation très platonicienne et presque dans le droit fil de l'*Alcibiade.* Il distingue d'abord ce qui est proprement nous-même de ce qui est nôtre et de ce qui peut nous appartenir (distinction figurant dans l'*Alcibiade* en 131bc). Ce que nous sommes authentiquement, c'est notre âme et notre intellect qui portent l'image du Créateur (38).

Faut-il signaler, tant la filiation est évidente, les notions de lumière intérieure et de Maître intérieur, élaborée par saint Augustin et qui traversèrent toute la philosophie médiévale, jusqu'à Descartes et Malebranche ? Le « Noverim me, noverim te » (Me connaître ! te connaître !) des *Soliloques* (II. 1,1), montre le rattachement de saint Augustin au platonisme par l'intermédiaire des néo-platoniciens (Plotin-Porphyre). « Le vrai Maître intérieur que l'on consulte est le Christ dont on a dit qu'il habitait l'homme intérieur, c'est-à-dire la force immuable de Dieu et la sagesse éternelle (39). » La méthode d'Augustin est toujours d'aller de la conscience à sa nature, de sa nature à son essence, et de l'essence à ce qui la fonde et la soutient dans l'être. Ici est retrouvée une inspiration réellement platonicienne, tant il est vrai que là où l'on trouve une philosophie de la participation, là est retrouvé le platonisme.

PLOTIN

Fondateur du grand néo-platonisme, Plotin (205-270 ap. J.-C.) est un pur philosophe qui, en dehors du christianisme, a élaboré un intellectualisme spéculatif, qui s'achève dans une mystique. Sa philosophie a été qualifiée d'*hénologie* (par opposition à ontologie), parce que le Principe de toute réalité est l'Un et non l'Être. L'Un ou le Bien, ou le Premier est toute chose, mais il n'est aucune d'entre elles, car l'Un qui est simple, sans la moindre dualité, est la Source absolue dont tout procède ; toute réalité fait également retour à lui, ce qui implique un double mouvement de procession (constitution à partir de l'origine) et de conversion (retour à l'origine). C'est parce que rien n'est en l'Un que tout peut en procéder, et pour que l'Être et l'Étant fussent, il fallait que l'Un lui-même soit au-delà d'eux. Comme l'Un est parfait, parce qu'il ne désire rien, ne possède rien, ne manque de rien, il surabonde et cette surabondance a créé tout ce qui est différent de lui. La première réalité engendrée s'est *tournée* vers lui, a été comblée par ce regard contemplateur et s'est constituée comme *Intellect* (qui est pensée de la pensée, intelligence des intelligibles) : ainsi est suscité l'*être* qui est la première détermination de l'Intellect. A l'instar de l'Un, l'Intellect engendre, par effusion de sa puissance multiforme, une réalité qui est à son image : l'*Ame*, qui contemplant l'être dont elle procède, s'accomplit en plénitude. Cette âme est le principe d'organisation et de structuration du cosmos, entendu dans sa matérialité et dans la vie qu'il porte. Il y a, de cette manière, procession du Premier jusqu'à la dernière réalité, dans une subordination de chaque être à son principe générateur (*Ennéade* V. 2. 1-2).

On le voit, la conception grandiose du monde que donne Plotin, jusqu'à l'Un principiel, se rattache à une philosophie de la participation, puisque tout procède de l'Un et retourne à lui. On trouve, dans les Ennéades, trois allusions précises à l'*Alcibiade* (40) : elles ne sont pas significatives par elles-mêmes, mais témoignent du moins de la familiarité de Plotin avec ce Dialogue. Ce qui intéressera davantage, ce sont quelques méditations d'allure platonicienne, bien que le génie plotinien transmute tout ce qu'il touche. « L'âme est de même race que la nature divine et éternelle... Lorsqu'elle revient en elle-même, comment n'est-elle pas d'une nature pareille à celle que nous disions appartenir à tout l'être divin et éternel... Un tel être doit être divin, puisqu'il a part aux choses divines, grâce à sa *parenté et à sa communauté d'essence* avec elles » (*Ennéades* IV, 7, 10). Pour bien situer ce passage, il convient de rappeler que l'Âme, tout en ayant une activité informatrice, reste toujours en sa partie supérieure « en repos en elle-même » auprès de l'Intellect, qui la constitue en intelligence. Si tout dérive de l'Un, tout y retourne : le monde est une somptueuse et merveilleuse série de variations qui se résolvent dans le thème générateur. En fait, l'Âme dans son immense complaisance au créé, l'âme distendue par ses créations multiples, ne fait que parcourir la dernière boucle d'une Odyssée spirituelle où le retour au point de départ est réintégration à l'Un. Il n'est pas d'autre alternative pour se sauver de cet exil que constitue la dispersion dans le sensible, que d'assurer sa cohésion et son unité par une conversion à l'Intellect (*Ennéades* I, 1, 13) et à l'Un et, à partir de ce degré de perfection retrouvé, de faire « coïncider son propre centre avec le centre universel » (*Ennéades* VI, 9, 8). Un des principes de la philosophie plotinienne est que chaque réalité, dont l'homme, *est* ce vers quoi elle se *tourne*. Tout matérialisé s'il s'extravertit à l'extrême vers le monde, l'homme est divin comme l'Un s'il se tourne vers lui. « Si l'on disait que, après l'Un, il y a un autre être, remarquons que cet être est contemporain de l'Un, qu'il est autour de lui et qu'il se rapporte à lui ; en sorte que participer à cet être qui est après l'Un, c'est participer à l'Un lui-même » (*Ennéades* VI, 5, 4). Dans cette perspective, on comprendra l'extrême proximité d'un texte plotinien avec 133 c, la connaissance de soi engendrant la connaissance de Dieu. Dans le 3e traité de la 7e *Ennéade,* Plotin développe longuement cette thèse : la connaissance de soi est identique à la connaissance de Dieu ; toute visée de l'intériorité est en même temps visée de Dieu. La connaissance de soi est présentée en l'*Ennéade* V, 3, 7, comme la connaissance de l'originaire, de la pensée, de l'intelligible, et de Dieu dont ils émanent. « Si l'on admet que l'intelligence connaît Dieu (41) » l'on devra accorder qu'elle se connaît elle-même. En effet, elle saura ce qu'elle tient de Dieu, ce qu'elle en a reçu, ce qu'elle peut en recevoir. Si elle le sait, elle se connaîtra par là elle-même, puisqu'elle est elle-même don de Dieu, ou plutôt qu'elle est l'ensemble des dons de Dieu. Si donc elle connaît Dieu et ses pouvoirs, elle se connaît elle-même, en apprenant qu'elle vient de Dieu et qu'elle a pris en lui son pouvoir propre. »

Ce en quoi il y a la plus exacte analogie avec l'*Alcibiade*, c'est l'affirmation selon laquelle l'homme est défini par son âme et plus rigoureusement par la partie rationnelle de celle-ci ; et cette analogie s'accentue si l'on conçoit que pour Plotin, très sûrement, c'est un être divin que l'âme de l'homme (*Ennéades* IV, 2, 1 ; IV, 7, 9 ; V, 1, 3 ; V, 1, 10). « L'homme véritable », « l'homme intérieur », expressions dont Plotin aime à se servir, sont des formules toutes platoniciennes : par là, comme par l'ensemble de sa pensée, Plotin rejoint, selon la problématique qui lui est propre, l'inspiration de Platon.

PROCLOS

Voici le dernier des néo-platoniciens à se référer systématiquement à l'*Alcibiade*. Selon Proclos (412-485 ap. J.-C.), si le *Parménide* est le sommet de la sagesse platonicienne, l'*Alcibiade* doit être considéré comme son point de départ. A la tête de l'École d'Athènes, Proclos écrivit un Commentaire de l'*Alcibiade (In Alcibiadem)*, qui fut très prisé dans les milieux philosophiques. Malheureusement nous n'avons pas le commentaire de Proclos sur l'*Alcibiade* 132 d-133 c ; il a sans doute été rédigé, mais il a disparu avec une partie importante de son œuvre. L'*In Alcibiadem* s'arrête brutalement à 116 a. Il n'est pourtant pas tout à fait perdu, puisque nous est donné un vigoureux résumé de l'interprétation proclienne de l'*Alcibiade*, au début de la *Théologie platonicienne* (42). Le passage en question se réfère explicitement, comme on le verra, à l'*Alcibiade*. Il concorde avec un passage plus bref du Commentaire (*In Alcibiadem* 110 d) (43).

L'analyse incluse dans la *Théologie platonicienne* est d'une grande clarté et constitue sur le plan du commentaire une sorte de modèle : « Si donc le divin peut être connu de quelque manière, il reste que ce soit par la pure existence de l'âme qu'il soit saisi et, par ce moyen, connu pour autant qu'il peut l'être. En effet, à tous les degrés nous disions que *le semblable est connu par le semblable :* autrement dit la sensation connaît le sensible, l'opinion l'objet d'opinion, le raisonnement le rationnel, l'intellect l'intelligible, de telle sorte que c'est par l'Un aussi que l'on connaît le suprême degré de l'Unité et par l'indicible l'Indicible. C'est pourquoi Socrate a raison de dire dans le

Premier Alcibiade que c'est en rentrant en elle-même que l'âme obtient la vision non seulement de tout le reste mais aussi de Dieu. Car en s'inclinant vers sa propre unité et vers le centre de sa vie entière, et en se débarrassant de la multiplicité et de la diversité des puissances infiniment variées qu'elle contient, l'âme s'élève jusqu'à cet ultime *point de vue* sur tout ce qui existe. (44) » Le passage parallèle du Commentaire sur l'*Alcibiade* est tout aussi exemplaire et atteint un niveau de profondeur inégalé : « Après cet esprit (νοῦν) si digne de louange, il nous faut éveiller la haute subsistance (ὕπαρξιν) de l'âme, selon laquelle nous sommes un et par laquelle s'unifie la pluralité qui est en nous. De même en effet que nous participons à l'esprit selon l'esprit dont nous venons de parler, ainsi nous participons au Premier, d'où vient à tous la connaissance selon l'Un et pour ainsi dire la fleur (ἄνθος) de notre substance, par laquelle nous nous joignons supérieurement au divin. Car le semblable est toujours saisi par le semblable, les objets de science par la science, les intelligibles par l'intelligence (νῷ) et les normes (μέτα) les plus unes par l'un de l'âme. Telle est la plus élevée de nos énergies. Par elle nous sommes inspirés par la divinité (ἔνθεοι), nous fuyons toute multiplicité, nous nous concentrons dans cette unité qui est en nous, nous sommes un et nous agissons dans l'unité (ἑνοειδῶς) (45).»

Ce que Proclos souligne avec force, au début de son ouvrage sur l'*Alcibiade,* c'est que l'âme est en quelque manière aliénée par son union avec le corps. Il faut donc qu'elle soit stimulée et mise en éveil par une excitante critique pour atteindre à la réfutation de ses illusions et à la purification. C'est ainsi qu'opère la terrible dialectique qui annule la « double ignorance » : « L'âme humaine, tenant en elle-même toutes les raisons, précontenant toutes les sciences, mais empêchée par la génération de contempler ce qu'elle possède, a besoin de l'enseignement et de la découverte, afin de réveiller par l'enseignement ses propres pensées et de se retrouver elle-même par la découverte ainsi que la plénitude des raisons qui sont en elle (46). » Redoutable visée qui ne s'accomplit que si une âme plus sage ou un bon démon lui sert de médiation (47). Tel le démon de Socrate. Ainsi agit ce dernier à l'égard d'Alcibiade. Son projet n'est pas d'emplir l'esprit de son jeune ami de quelque savoir, mais au contraire à *retirer* tout ce qui cache à l'âme, la vérité. « L'influence de Socrate, remarque Jean Trouillard, tend à retirer et non à donner. Plus exactement, elle engage le disciple à faire tomber spontanément l'écran du faux savoir et à mettre son âme en équation avec elle-même (48). » Cette simplification qui apparie l'âme à l'essentiel est soulignée par Proclos : « Ce n'est pas du dehors que la purification peut venir à nous, c'est du dedans qu'elle jaillit de l'âme elle-même.

Car tout mal vient du dehors et est ajouté à l'âme, tandis que tout bien vient du dedans. La nature de l'âme est, en effet, de ressembler au Bien (49). »

Conclusion

Après Proclos, l'influence de l'*Alcibiade* se repère dans l'histoire de la pensée médiévale et moderne, mais par le relais de saint Augustin (354-430 ap. J.-C.) et du Pseudo-Denys (ve siècle ap. J.-C.). Il n'y a plus de filiation *historique* directe, mais une inspiration diversifiée, multiforme, diffuse. Le lien de l'*Alcibiade* à la pensée philosophique et à la théologie mystique devient *historial* (50), c'est-à-dire qu'il se présente sous des résurgences et des mutations variées, au confluent de traditions de pensée qui convergent en des points nodaux — certaines grandes doctrines philosophiques — où l'on n'a pas conscience de platoniser, bien que l'on retrouve les intuitions fondamentales de Platon. Certes, saint Augustin (51) et le Pseudo-Denys sont conscients de ce qu'ils doivent à Platon, par identification à Plotin, mais les successeurs de ces déjà lointains successeurs reprennent à titre d'évidences, ou de thèses immanentes à leur doctrine, ce qui était encore proprement platonicien, du moins par l'inspiration.

L'essence platonicienne du « Connais-toi toi-même », tel qu'il se transmute chez saint Augustin, a été bien aperçue par Husserl qui, dans les lignes ultimes des *Méditations cartésiennes* (p. 134), cite l'auteur des *Confessions : « Noli foras ire, in te redi, in interiore homine habitat veritas. »* (Ne t'avance pas vers l'extériorité, retourne en toi, la vérité habite en l'homme intérieur.) Lorsque saint Augustin déclare : *« Deum et animam scire cupio »* (Je désire connaître Dieu et l'âme), il tient un propos spécifiquement platonicien. Lorsqu'il présente le *Cogito* comme image de la Trinité, il est sûr qu'il ne se réfère pas à Platon, puisque la conception d'un Dieu tri-unique est néotestamentaire. Et pourtant le paragraphe qui précède la démonstration de la certitude indubitable du *Cogito* semble écrit par quelque chrétien platonisant à l'extrême : « Nous reconnaissons en nous-mêmes une image de Dieu et, même si elle ne lui est pas égale, mais au contraire s'en tient à une distance infinie, même si elle ne partage pas son éternité, et pour tout dire en bref, n'a pas la même substance que Dieu, cependant rien dans sa création, n'est plus proche de lui, par sa nature, qu'elle. Il s'agit d'une image de sa souveraine Trinité, image qu'une réforme doit encore parfaire pour que la ressemblance soit achevée. En effet, nous sommes, nous savons que nous sommes et nous aimons cet être aussi bien que ce savoir. » (*De la Cité de Dieu,* XI, 26). Ici, c'est l'*image* de la *Genèse* qui remplace la *parenté,* mais la proximité de nature est soulignée (et, en effet, Dieu en tant que Logos est lumière de l'intelligence, illuminateur des âmes) ; de même est promue avec fermeté la conscience de soi. Et dans la conclusion qu'il consacre à l'âme humaine, image de la Trinité, saint Augustin invite « à nous élever désormais, de toutes les forces dont est capable notre attention, vers cette essence souveraine et suprême, dont l'âme humaine est une image, imparfaite, certes, mais une image tout de même » (*De la Trinité,* X, X1, 18).

Le Pseudo-Denys, qui a subi l'influence platonicienne et néoplatonicienne de Proclos, professe que Dieu est transcendant, ineffable, au-delà de l'essence et de l'existence telles que l'homme peut les concevoir, au-dessus de tout nom (donc possédant une nature qui transcende ce que pourrait en dire quelque langage que ce soit), comme le Bien de Platon ou l'Un de Plotin. Dieu contient d'une manière transcendante toute réalité, et il y a en lui un ensemble d'idées correspondant d'une manière éminente à toutes les réalités créées (doctrine que l'on retrouve chez saint Augustin et la plupart des philosophes médiévaux et appelée « platonisme chrétien » : ce que Platon pose à titre d'Idées ou d'Essences, fait partie de l'unité indivisible de l'Intellect, du Noûs divin). Dieu est ainsi la Source absolue, l'origine, l'essence, la vie de tout ce qui provient de lui (procession) et retourne à lui (conversion). Tout ce qui est s'origine en lui, car il contient en lui la perfection de toute créature. Ce Dieu inaccessible, « sur-essentiel » et « sur-existentiel », se révèle à la créature humaine par son rayonnement et par la lumière dont il irradie chacun. L'homme est un microcosme, une réalité miniaturisante du monde : avec l'aide de Dieu il a le pouvoir de se retourner vers lui. L'âme peut l'atteindre directement lorsqu'elle se convertit en pensée pure (νόησις καθαά), ou à cette forme de pensée qui mêle l'intellection et l'amour, et que le Pseudo-Denys nomme « phronesis (52) ». Nous avons là, transposée, et à l'évidence transfigurée par un contexte de théologie mystique, une rémanence de vues de type platonicien. « De saint Augustin au Pseudo-Denys... on voit ainsi reparaître les anciens thèmes platoniciens de l'histoire de l'âme créée par le Verbe, illuminée par lui et rappelée à lui par cette illumination même (53). »

L'œuvre de saint Thomas d'Aquin se trouve au confluent de l'aristotélisme et du platonisme (par la médiation de saint Augustin et du Pseudo-Denys dont saint Thomas connaissait bien le livre des *Noms divins).* Quant à Platon lui-même, il était peu lu au Moyen Age ; une partie du *Timée* fut l'objet de commentaires, mais tous les autres *Dialogues,* traduits ou non, furent presque totalement négligés. Cependant, comme l'observe Étienne Gilson, Aristote n'a jamais remplacé Platon dans l'histoire de la pensée chrétienne, même dans la pensée de saint Thomas d'Aquin, alors qu'il s'employait à restaurer l'aristotélisme dans la pureté de ses positions philosophiques primitives. « Saint Thomas d'Aquin l'a fait en logique, en physique, en physiologie, en psychologie et même en métaphysique, mais il a pourtant couronné son aristotélisme par le platonisme traditionnel des Pères. Saint Thomas n'a jamais abandonné ni la doctrine des Idées, ni celle du monde créé par Dieu d'après leur modèle, ni celle de la Providence divine qui découle de la précédente, ni celle de l'immortalité individuelle des âmes et d'une vie future de châtiments ou de récompenses. Bref, même chez le plus péripatéticien des théologiens chrétiens du Moyen Age, la théologie de Platon a survécu au naufrage de sa philosophie (54). » Saint Bonaventure, contemporain de saint Thomas, tenait fermement des positions platoniciennes. Car, pour lui, si Aristote représente la science, Platon représente la sagesse. Et il mettait au centre de sa philosophie la doctrine des Essences qu'avait combattue Aristote au nom d'une science où le naturalisme était sous-jacent. Si l'on escamote les Essences, que subsiste-t-il de la métaphysique et de l'éthique chrétiennes? « Le monde n'est plus créé ni gouverné par une Providence; la doctrine du Verbe, lieu des Idées divines, se vide de tout contenu; l'illumination intellectuelle et morale de l'âme humaine par les règles éternelles de la science et des vertus devient impossible; bref, tout l'édifice de la sagesse chrétienne s'écroule (55). » Ainsi dans les synthèses scolastiques, les thèses platoniciennes ne sont plus seulement un couronnement qui les achève : elles les pénètrent et les vivifient et même lorsque la langue est aristotélicienne, les intuitions métaphysiques les plus profondes sont platoniciennes.

Tout d'abord saint Thomas d'Aquin se relie à Platon par la médiation de la métaphysique du Bien. Dès ses premières œuvres, en effet, il conçoit l'assimilation progressive des êtres au Bien divin. « Sa conviction est claire », observe Pierre Faucon, « les êtres tiennent leur bonté de l'effort déployé pour accéder à la ressemblance divine. La bonté impliquant dilection et désir, tous les êtres sont nécessairement l'objet de l'amour divin et subissent son attrait. L'univers revêt donc les traits d'une nature besogneuse qui aspire à Dieu (56) ». Et dans cet univers, les créatures supérieures bénéficient de l'influence du Bien divin, non seulement par la bonté essentielle de leur être, mais par le fait qu'elles ont et l'intelligence et la dignité de la causalité, qui leur permet de transmettre leur bonté aux créatures inférieures. Parmi les créatures supérieures, les plus proches de Dieu sont les créatures rationnelles « qui sont, ont la vie et l'intelligence, à la ressemblance de Dieu (57) ».

Parallèlement à saint Augustin qui établit, dans les *Confessions,* le critère absolu de toute vérité dans l'immuable Vérité qui transcende l'intelligence de l'homme (58), saint Thomas affirme que l'intellect actif participe à la lumière incréée (59), rejoignant l'intuition platonicienne de *La République* qui envisage l'Idée du Bien comme la source du connaître et de l'être. Si la doctrine augustinienne de l'illumination intellectuelle comme participation au Verbe (qui est *l'expression* de Dieu) est en correspondance avec l'ontologie et la noétique platonicienne, saint Thomas revendique cette intuition : la vérité incréée et l'entendement divin ne sont ni mesurés ni produits ; mais ils mesurent et produisent une double vérité, l'une dans les choses, l'autre dans notre âme. Ainsi, est donné à l'homme le privilège de participer au Verbe par son intelligence (60) et d'inscrire en lui une sagesse qui dérive directement, quoique progressivement, de l'éternelle sagesse du Verbe : « Le Verbe de Dieu possède un rapport de similitude spéciale avec la nature humaine : car le Verbe est le concept de l'éternelle Sagesse, de laquelle toute sagesse humaine dérive. C'est pourquoi le progrès de l'homme dans la sagesse, en laquelle se réalise sa perfection d'être raisonnable, se mesure à sa participation au Verbe de Dieu : ainsi le disciple s'instruit dans la mesure où il reçoit la parole du maître, expression de son verbe intérieur (61). »

Ces quelques aspects de l'augustinisme et du thomisme mettent en évidence l'acquiescement de l'un et de l'autre à la définition du sage selon Platon : « Le sage trouve son bonheur à participer à la vie divine (62). »

Un écho très aisément reconnaissable de toutes ces idées, qu'elles soient néo-platoniciennes ou augustiniennes, se retrouvera selon des problématiques très différentes (63) dans les philosophies de Descartes, de Leibniz, de Malebranche. Ce dernier représente à l'évidence une filiation privilégiée par sa conception du Verbe et sa théorie de la vision en Dieu. Pour ce méditatif, le Verbe éternel est la raison universelle de tous les esprits et c'est la même sagesse qui se manifeste aux hommes par la raison et la révélation (64). Car la raison n'est pas de l'homme, elle est la Raison divine en tant qu'elle éclaire les esprits. « La Raison qui éclaire l'homme », écrit Malebranche au début du *Traité de Morale,* « est le Verbe ou la Sagesse de Dieu même. Car toute créature est un être particulier et la raison qui éclaire l'esprit de l'homme est universelle. Si mon esprit était ma Raison ou ma lumière, mon esprit serait la Raison de toutes les intelligences : car je suis sûr que ma Raison ou la lumière qui m'éclaire est commune à toutes les intelligences. Personne ne peut sentir ma propre douleur : tout homme peut voir la Vérité que je contemple (65). C'est donc que ma douleur est une modification de ma propre substance, et que la Vérité est un bien commun à tous les esprits. Ainsi par le moyen de la Raison, j'ai ou je puis avoir quelque société avec Dieu, et avec tout ce qu'il y a d'intelligences ; puisque tous les esprits ont avec moi un bien commun ou une même loi, la Raison. » C'est que Dieu a en lui-même, les idées de tous les êtres qu'il a créés, sans quoi leur production n'eût pas été possible ; qu'en outre il est très étroitement uni à nos âmes par sa présence, en sorte qu'il est le lieu des esprits, au même titre que les espaces sont le lieu des corps ; qu'enfin voir en Dieu ce qui représente les êtres créés est la raison de toute intelligibilité. Certes, l'esprit ne voit pas Dieu lui-même, mais seulement ce qui en lui a rapport aux créatures, c'est-à-dire les idées et les rapports intelligibles fondamentaux. Ce que l'on voit en Dieu est ce qui de Dieu est participable par les créatures. Car Dieu connaît au-dedans de lui-même tous les êtres en considérant ses propres perfections qui les lui représentent.

A travers le tissu très ample de la philosophie occidentale, se dessinent plus ou moins nettement mais avec une continuité remarquable les premiers motifs fortement esquissés par Platon, initiateur pour toute conscience philosophante, selon un projet de justesse et de profondeur spéculative jamais dépassées.

Bibliographie

a / L'œuvre de Platon

Le *Parisianus* et le *Bodleianus* d'Oxford (895 ap. J.-C.), établis tous deux à la même époque (fin du IXe siècle), sont les deux manuscrits principaux donnant accès à l'œuvre. En 1483-1484, Marsile Ficin publia la première grande traduction de Platon. Après les éditions du texte grec à Venise et à Bâle (entre 1510 et 1560 env.), parut la grande édition de l'helléniste français Henry Estienne (Lyon 1578). « Dans cette édition, établie avec un soin scrupuleux, le texte se présentait à chaque page sur deux colonnes, dont chacune portait sa numérotation propre et était, à l'exception de la première et de la dernière page de chaque dialogue, divisée en cinq sections marquées par les cinq premières lettres de l'alphabet. Presque toutes les éditions modernes reproduisent en marge la numérotation des colonnes et leurs subdivisions : d'où un système de référence dont l'utilité pratique est évidente (66). »

Nous avons utilisé, comme texte grec de base, l'édition anglaise de Burnet, *Platonis Opera,* Oxford 1899-1906.

b / Sur Platon

Pierre-José About : *Platon,* textes choisis et présentés, SPB Bordas, Paris, 1967.

Jean Brun : *Platon et l'Académie,* Coll. « Que sais-je ? » P.U.F., 1960.

Michel Alexandre : *Lecture de Platon,* Bordas, 1968.

A.J. Festugière : *Contemplation et Vie contemplative selon Platon,* Vrin, Paris, 1936.

Victor Goldschmidt : *La Religion de Platon,* P.U.F., 1949, repris dans *Platonisme et Pensée contemporaine,* Aubier, Paris, 1970.

Jean Guitton : *Les Pages immortelles de Platon,* Éd. Buchet-Chastel.

A. Koyré : *Introduction à la lecture de Platon,* Gallimard, 1962.

G. Rodis-Lewis : *Platon,* Éd. Seghers, Paris, 1965.

c / Sur l'Alcibiade

Pierre-José About : *Plotin,* Éd. Seghers, Paris, 1973.
Jean Pépin : *Idées grecques sur l'homme et sur Dieu,* Éd. Les Belles Lettres, Paris, 1971.
A. Soulez-Luccioni : *Le Paradigme de la vision de soi-même dans l'Alcibiade majeur,* art. in *Revue de Métaphysique et de Morale,* N° 2, 1974, A. Colin, Paris.
Jean Trouillard : *Proclos, Éléments de Théologie,* Aubier-Montaigne, Paris, 1965.

*Plan de l'*Alcibiade *selon Jamblique et Proclos*

Avec Jamblique, Proclos envisage la division du dialogue en trois chapitres :

103 a-119 b. Écarter la double ignorance (διηλὴ ἄγνοια) et les obstacles à la connaissance de soi, imposés à l'âme par sa descente dans le devenir.

119 b-124 c. Établir la nature de la vertu parfaite.

124 c-135 e. Montrer comment il convient, pour chacun, d'acquérir la réminiscence de son essence.

Plan schématique du Dialogue

I 103 a - 109 c	Socrate interroge le jeune Alcibiade qui est en âge d'avoir une ambition politique. Il lui démontre que l'on ne saurait se mêler des affaires de la Cité, si l'on ignore ce que c'est que la *justice.*
II 109 d - 113 c	Socrate démontre à Alcibiade qu'il ne sait pas ce que c'est que la justice et qu'il *ignore* sa propre ignorance.
III 113 d - 116 e	L'errance d'Alcibiade au sujet du juste le conduit à disjoindre le juste, le beau, le bon, l'utile. Socrate lui démontre qu'il y a *conjonction* et *réciprocité* entre ces fins.
IV 116 e - 118 b	Pourquoi Alcibiade *erre-t-il ?* C'est qu'il est dans la pire des ignorances, celle qui s'ignore elle-même : ne pas savoir et s'*imaginer* savoir.
V 118 b - 119 a	Alcibiade se demande s'il n'y aurait pas une science du politique qui pourrait être transmise par de bons théoriciens ou praticiens.
VI 119 b - 124 a	Alcibiade se figure que ses dons naturels suffiraient pour affronter les politiciens. Socrate décrit longuement l'éducation donnée aux rois à Lacédémone et en Perse.
VII 124 b - 127 d	Pour servir utilement la Cité, il faut s'éduquer, se connaître soi-même, se rendre le meilleur possible. Ce ne sont pas la *concorde* et l'*amitié* qui sont les fondements de la bonne administration de la Cité, c'est la *justice.*

VIII 127e - 129a Si l'art du politique exclut l'ignorance, il est bon de commencer par *se connaître soi-même.* A cette fin, il convient d'aller de l'*inessentiel* (l'homme et ses sphères d'appartenance) à l'*essentiel* (le fond immuable de soi-même). Le précepte de Delphes.

IX 129b - 130a « Se connaître soi-même. » Une problématique de la *réduction.* Le fond essentiel de l'homme : son *âme.*

X 130a - 132b La démonstration socratique par la méthode de réduction : *l'homme,* c'est son *âme.*

XI 132b - 133c « Se connaître soi-même. » La connaissance de soi est connaissance de son essentialité divine dans l'acte de connaître et de penser. L'intellect d'autrui est comme un miroir où l'on aperçoit le reflet de Dieu et de soi-même. Le paradigme analogique de la vision. Le dialogue mystique entre le regardant et le regardé.

XII 133d - 135e Retour à la problématique du politique : un homme d'État doit d'abord posséder la sagesse, la vertu et la justice; le bonheur en partage.

ALCIBIADE

ou
De la nature de l'homme

Personnages : SOCRATE, ALCIBIADE

Prologue, où Socrate suggère à Alcibiade qu'il peut lui apporter quelques lumières.

SOCRATE : Fils de Clinias, je te devine surpris : premier à t'aimer, je reste **103 a** le seul à demeurer alors que les autres t'ont quitté ; rappelle-toi aussi le tumulte de leurs conversations, tandis que durant tant d'années, je ne t'ai même pas adressé la parole (1). L'origine de cette attitude n'était point une motivation humaine, mais une sorte d'empêchement démonique (2), dont tu comprendras plus tard la rigueur. Maintenant que l'obstacle qui **b** nous séparait s'est dissipé, comme tu le vois, je viens à toi et j'ai l'heureux espoir de n'être désormais plus contraint par lui. Presque tout ce temps, je l'ai employé à méditer, observant comment tu te comportais à l'égard de tes admirateurs : il y en avait beaucoup, et qui étaient imbus d'eux-mêmes, mais aucun qui ne se soit rebuté, pour s'être senti écrasé par tes airs de supériorité. Et la raison de ta fierté excessive, je veux bien l'exposer **104** d'une manière précise : tu prétends n'avoir en aucune manière besoin de personne, car tes capacités sont si grandes que tu n'as rien à envier à quiconque, à commencer par le corps pour finir par l'âme ; d'abord tu te crois en effet très beau et très grand et il est évident pour tous, qu'en cela tu ne te trompes pas ; ensuite tu appartiens à une des familles les plus puissantes de ta ville (3), qui est elle-même la plus importante des cités grecques ; du côté de ton père tu disposes de nombreux amis et de **b** parents de la plus grande distinction, qui n'hésiteraient pas, s'il était opportun, à te servir ; du côté de ta mère combien d'autres qui ne sont ni moins considérables, ni moins nombreux ; enfin, de l'ensemble des avantages que j'ai signalés, tu en distingues un dont le pouvoir est plus efficace encore, Périclès (4) fils de Xantippe, que ton père t'a laissé pour tuteur, à toi et à ton frère ; Périclès qui a le pouvoir d'agir comme il le veut, non seulement en cette cité, mais dans la Grèce entière et à l'égard c de plusieurs grands peuples barbares. J'ajouterai aussi que tu es au nombre des nantis, mais tu ne me parais pas en tirer grande vanité. Tirant orgueil de tous ces dons, tu t'es impérieusement imposé à tes admirateurs et ceux-ci, intimidés, se sont laissé dominer : tu t'en es bien aperçu. C'est pourquoi, je le sais bien, tu es surpris de mon idée de derrière la tête, lorsque je ne renonce pas à mon amour ; surpris aussi de me voir si décidément confiant, alors que tant d'autres se sont détachés de toi.

ALCIBIADE : Mais peut-être, ne sais-tu pas Socrate, que tu m'as seulement devancé de peu ? J'avais justement l'intention en venant le premier à toi,
d de te demander ce que tu peux bien vouloir. Quel espoir nourris-tu en m'importunant de la sorte, en t'obstinant à te trouver partout où je suis ? En vérité je m'étonne et enfin je ne comprends pas ce qui te prend ; je serai bien aise d'en être informé.

SOCRATE : Tu m'écouteras donc, me semble-t-il, de bon cœur, s'il est vrai, comme tu le dis, que tu sois désireux de connaître ce que je pense ; je parlerai comme à un homme qui va écouter avec patience ce qu'il attend de savoir.

ALCIBIADE : Certainement. Mais parle donc.

e SOCRATE : Dès lors, méfie-toi : car il ne serait pas étonnant que je peine autant pour m'arrêter que pour commencer.

ALCIBIADE : Parle, mon cher ; je t'écouterai attentivement.

Les desseins d'Alcibiade l'ambitieux.

SOCRATE : Il me faudra donc discourir ! Aussi bien, est-il difficile de se présenter en faisant figure d'amoureux, vers un homme qu'aucun amoureux ne subjugue ! Peu importe, il faut que je lui dise avec intrépidité ce que j'ai en tête. Pour ma part, Alcibiade si je t'avais vu satisfait des avantages dont je viens de faire l'énumération précise et
105 acceptant de t'en contenter toute ta vie, il y a longtemps que je me serais détaché de l'amour que je te porte, j'en suis persuadé ! Mais à présent ce sont tes pensées personnelles et d'une autre sorte, que je vais te révéler à toi-même et tu comprendras par là que je n'ai jamais cessé de m'intéresser à ton naturel. Il me semble en effet, que si quelque dieu te disait : « Alcibiade, qu'aimes-tu mieux ? ou vivre avec les biens que tu possèdes dès maintenant ? ou mourir à l'instant même, à moins qu'il ne te fût possible d'en acquérir de meilleurs ? », c'est, me semble-t-il, la mort que tu choisirais ! Dès lors, ce sont les espérances de ta vie actuelle que je vais t'exposer. Tu crois que si d'aventure, tu t'avançais devant le Peuple d'Athènes pour lui parler — et tu comptes bien le faire sous peu
b — tu le convaincrais aussitôt, que tu mérites une considération qui n'est

due ni à Périclès, ni à aucun autre des hommes d'État qui l'ont précédé ;
et après le lui avoir expliqué, tu estimeras devoir être tout-puissant dans
la Cité. Et si tu es puissant ici, tu le seras également chez les autres Grecs ;
et non seulement chez les Grecs, mais aussi auprès des Barbares habitant
notre continent (5) ! Toutefois, si ce même dieu te disait alors que tu dois
te contenter d'être le maître ici, en Europe, mais qu'il ne te sera pas c
permis de passer en Asie pour en diriger les affaires, il me paraît que tu
n'aimerais pas vivre avec des perspectives aussi bornées, faute de pouvoir
rassasier, si je puis dire, tous les hommes de ton nom et de ta puissance !
Certes, je pense qu'à l'exception de Cyrus et de Xerxès, aucun homme
ne te paraît digne qu'on en parle. Ainsi donc, telles sont tes espérances,
je le sais en toute lucidité et ne me contente pas de le pressentir. Mais
sans doute me diras-tu, sachant bien que j'énonce une vérité : « Enfin,
Socrate, quel lien entre tout ceci et ce que tu prétendais me dire : la raison d
pour laquelle tu ne t'es pas détaché de moi ? » A quoi, bien entendu, je
te répondrai : « Cher fils de Clinias et de Dinomachè, c'est qu'il est
impossible sans moi de mener à bonne fin tout l'ensemble de ces projets,
tant est grande la puissance que je crois posséder sur tes affaires et sur
ta personne. Voilà aussi pourquoi, je le suppose, le Dieu, depuis
longtemps ne me permettait de m'entretenir avec toi : j'attendais, quant
à moi, sa permission. Comme tu mets, en effet, tes espérances dans la
Cité, pensant lui faire voir que pour elle tu es d'une éclatante valeur et,
cela fait, lui prouver qu'il n'y a rien que tu ne puisses accomplir sur-le-
champ, j'espère à mon tour être très puissant auprès de toi, en te faisant e
pressentir une non moins éclatante valeur, à tel point que ni tuteur, ni
parent, ni qui que ce soit, hors moi, n'est capable de te faire acquérir
la puissance que tu convoites (avec l'aide du Dieu, assurément). » Quand
tu étais trop jeune encore, et tant que ces espérances ne gonflaient
apparemment pas ton cœur, le Dieu ne me permettait pas de nouer le
dialogue avec toi, de peur que ce ne fût en vain. Il me rend, à présent
la liberté ; car désormais tu es disposé à m'écouter. 106

ALCIBIADE : En vérité Socrate, depuis que tu as consenti à me parler, tu me semble beaucoup plus bizarre que quand tu me suivais en gardant le silence ; et assurément c'était bien sous cet aspect déconcertant que tu te montrais alors. En outre que ce soit là ou non mes pensées, tu me sembles avoir tranché et, j'aurais beau le nier, je n'en serais pas plus avancé pour te convaincre. Eh bien, qu'il en soit ainsi. Supposons qu'à tous égards, je nourrisse de tels desseins, comment les réaliserai-je grâce à toi et comment sans toi seraient-ils chimères ? Es-tu à même de me le dire ?

SOCRATE : Me demandes-tu si je puis prononcer un long discours, b
analogue à ceux que tu as pris l'habitude d'entendre (6) ? Ce n'est pas du
tout mon genre. Je serais néanmoins capable, à ce que je crois, de te

prouver ce que j'ai dit, à la condition seulement que tu m'accordes une minuscule faveur.

ALCIBIADE : J'y consens, mais à condition qu'il ne s'agisse pas d'une chose trop difficile.

SOCRATE : Est-il difficile, selon toi, de répondre à des questions posées ?

ALCIBIADE : Aucune difficulté à cela.

SOCRATE : Eh bien ! réponds-moi.

ALCIBIADE : Interroge.

c SOCRATE : Je t'interroge, cela s'entend, comme si tu avais les desseins que je t'attribue.

ALCIBIADE : Si tu y tiens, qu'il en soit ainsi ; je saurais alors ce que tu veux dire.

La compétence d'Alcibiade est bien menue.

SOCRATE : Eh bien ! voyons ! Tu penses donc, comme je l'affirme, te présenter prochainement devant les Athéniens pour leur faire part de tes lumières. Si donc au moment où tu te disposes à monter à la tribune (7), je te prenais par la main et te disais : « Alcibiade, quel est le sujet sur lequel les Athéniens projettent de délibérer et pour lequel tu t'es avancé en vue de leur donner des conseils ? n'est-ce pas parce qu'il s'agit d'un problème que tu connais mieux qu'eux ? » Que me répondrais-tu ?

d ALCIBIADE : Je te répondrais, je suppose, que c'est sur des problèmes que je connais mieux qu'eux.

SOCRATE : Alors tu ne saurais donner de judicieux conseils que sur les problèmes que tu connais le mieux ?

ALCIBIADE : Comment le nier, en effet ?

SOCRATE : Or les seuls contenus que tu connaisses, c'est seulement ceux que tu as appris d'autrui ou que tu as trouvés par toi-même ?

ALCIBIADE : En effet, que pourrait-ce être d'autre ?

SOCRATE : Mais se peut-il que tu aies appris des autres ou trouvé de toi-même quelque savoir, lorsque tu n'as voulu ni rien apprendre, ni rien chercher ?

ALCIBIADE : C'est impossible.

SOCRATE : Mais dis-moi : t'es-tu jamais avisé de chercher ou d'apprendre ce que tu croyais connaître ?

ALCIBIADE : Certainement pas.

e SOCRATE : Ainsi, le savoir qu'il t'arrive de posséder, il y a eu un temps où tu ne le connaissais pas ?

ALCIBIADE : Nécessairement.

SOCRATE : Eh bien ! le savoir que tu as conquis, je pense moi aussi le connaître ; d'ailleurs si j'en oublie quelque élément, reprends-moi. Tu as donc appris, si j'ai bonne mémoire, à lire et à écrire, à toucher de la cithare et à lutter ; quant à jouer de la flûte, tu t'y es refusé (8). Voilà exactement ce que tu connais, à moins que tu n'aies appris quelque autre chose, sans que je l'aie su ; et je l'imagine, sans sortir de chez toi, ni de nuit, ni de jour !

ALCIBIADE : J'en conviens, je n'ai pas pris d'autres leçons que celles auxquelles tu fais allusion.

SOCRATE : En ce cas, est-ce lorsque les Athéniens délibèrent de belles 107
lettres ou d'orthographe, que tu te proposes d'intervenir pour les conseiller ?

ALCIBIADE : Par Zeus, non et non.

SOCRATE : Peut-être, lorsqu'ils délibéreront sur la manière de toucher la lyre ?

ALCIBIADE : Nullement !

SOCRATE : Ils ne sont guère coutumiers, non plus, en leur Assemblée, de délibérations sur des questions de lutte.

ALCIBIADE : Certes, non !

SOCRATE : Mais de quoi peuvent-ils bien délibérer ? Ce n'est pas, je suppose, de constructions ?

ALCIBIADE : Sûrement non !

SOCRATE : Car sur ce sujet, un architecte serait meilleur conseiller que toi. b

ALCIBIADE : Oui.

SOCRATE : Ce ne sera pas non plus quand ils délibéreront sur quelque point de divination (9) ?

ALCIBIADE : Non.

SOCRATE : Un devin, en telle matière serait bien meilleur que toi !

ALCIBIADE : Oui.

SOCRATE : En cela, qu'il soit petit ou grand, beau ou hideux, de haute ou de basse origine.

ALCIBIADE : Comment le nierais-je ?

SOCRATE : Car c'est à l'homme compétent qu'il appartient, je crois, de donner des conseils en chaque cas, et non au riche.

ALCIBIADE : Comment le nierais-je ?

SOCRATE : Ainsi, que le conseiller soit riche ou pauvre, cela sera indifférent aux Athéniens ; lorsqu'ils délibéreront sur la santé publique, ils chercheront le conseil d'un médecin.

ALCIBIADE : Apparemment. c

SOCRATE : Alors quelle matière faudra-t-il qu'ils examinent, pour que tu te lèves en vue de leur donner conseil en toute pertinence ?

ALCIBIADE : Leurs propres intérêts, Socrate.

SOCRATE : Veux-tu entendre par là les constructions navales, lorsqu'ils se demandent quelle sorte de vaisseaux il leur faut mettre en chantier ?
ALCIBIADE : Non Socrate, ce n'est pas ce que j'entends.
SOCRATE : Effectivement, je ne crois pas que tu connaisses la construction navale : est-ce là le motif de ta discrétion ou y en a-t-il un autre ?
d ALCIBIADE : Telle est bien ma motivation.

La connaissance de ce qui est juste est sous-jacente à l'entreprise politique.

SOCRATE : De quelles affaires veux-tu donc qu'ils délibèrent, pour jouer au conseiller ?
ALCIBIADE : De la guerre ou de la paix, Socrate, ou de quelque autre affaire qui intéresse la Cité.
SOCRATE : C'est ainsi que tu l'entends : lorsqu'ils décideront avec qui il faut conclure la paix, à qui on fera la guerre et de quelle manière ?
ALCIBIADE : Oui.
SOCRATE : Dans ce cas, à qui faire la guerre, sinon à ceux à qui il vaut mieux la faire ?
ALCIBIADE : Cela va de soi.
e SOCRATE : Et à point nommé ?
ALCIBIADE : Eh oui !
SOCRATE : Maintenant, si les Athéniens tenaient conseil pour savoir contre qui il faut lutter à bras le corps, contre qui il faut lutter avec les mains et selon quelle technique (10), est-ce toi ou un maître de gymnase dont les conseils seraient meilleurs ?
ALCIBIADE : Le maître de gymnase serait de meilleur conseil, bien entendu.
SOCRATE : Mais es-tu capable de me dire ce que le maître de gymnase aurait en vue en leur conseillant de lutter ou de ne pas lutter contre tels ou tels, à quel moment et selon quelle technique ? Je m'explique : est-ce, oui ou non, avec ceux avec lesquels il vaut mieux lutter qu'il convient de se mesurer ?
ALCIBIADE : Oui.
108 SOCRATE : Et pour autant que cela vaille mieux ?
ALCIBIADE : Oui, pour autant.
SOCRATE : Et au moment où c'est le mieux ?
ALCIBIADE : Certainement.
SOCRATE : N'est-il pas vrai aussi que celui qui chante doit parfois jouer de la cithare et danser selon le rythme de son chant ?

ALCIBIADE : Il le doit, en effet.

SOCRATE : En vérité, n'est-ce pas au moment où il vaut mieux le faire?

ALCIBIADE : Oui.

SOCRATE : Et dans la mesure où c'est le mieux?

ALCIBIADE : J'y souscris.

SOCRATE : Ainsi donc, puisque tu as appliqué le terme de « mieux » à deux b cas, au jeu de la cithare accompagnant un hymne et de même à la lutte, qu'entends-tu par « mieux » dans le jeu de la cithare, comme j'entends, moi, par gymnique, le « mieux » dans le cas de la lutte; comment désignerais-tu cette qualité?

ALCIBIADE : Je ne comprends guère.

SOCRATE : Alors, tente de m'imiter. J'ai répondu à peu près ceci : c'est ce qui est correct à tous égards et ce qui est correct, c'est, je pense, ce qui est produit selon les règles de l'art. Ne l'admets-tu pas?

ALCIBIADE : Oui.

SOCRATE : Or l'art ici, n'est-ce pas l'art gymnique?

ALCIBIADE : Comment le nier?

SOCRATE : Et moi, j'ai dit qu'en matière de lutte, ce qui est mieux peut- c être signifié par « gymnique ».

ALCIBIADE : Effectivement, tu l'as dit.

SOCRATE : Cette proposition n'est-elle pas adéquate?

ALCIBIADE : Il me semble bien que si.

SOCRATE : Allons, à ton tour — car il serait souhaitable que tu interviennes, toi aussi, adéquatement dans la conversation —, dis-moi d'abord quel est l'art dont relèvent le jeu de la cithare, le chant et le rythme de la marche cadencée? Quel est son nom générique? Es-tu encore incapable de répondre?

ALCIBIADE : Ma foi, oui.

SOCRATE : Eh bien! tente ainsi de le trouver : quelles sont les déesses qui président à cet art?

ALCIBIADE : Tu veux parler des Muses, Socrate?

SOCRATE : Évidemment; comprends-donc : quel nom cet art a-t-il tiré d des Muses?

ALCIBIADE : C'est la « musique » : voilà j'imagine ce que tu veux dire.

SOCRATE : C'est effectivement ce que je veux dire. Alors qu'est-ce au juste ce qui est produit correctement suivant cet art? Ce que j'ai fait, à l'instant pour signifier de la gymnastique, fais-le, toi, à présent. De quelle manière cela se produit-il?

ALCIBIADE : De manière « musicale », je crois.

SOCRATE : Bien dit! Continuons sur l'heure. Le mieux dans l'art de guerroyer et le mieux dans l'art de vivre en paix, ce mieux-là, quel nom lui donnes-tu? Il y a quelques instants, à propos de chacun des deux cas, e tu disais que le meilleur dans l'un est ce qui est le plus « musical » ; dans l'autre ce qui est le plus « gymnique ». Tente donc de dire aussi, en ce cas, ce qu'est le « mieux ».

ALCIBIADE : A dire vrai, je ne vois guère.

SOCRATE : Voilà qui est vraiment scandaleux. Si, en effet, quelqu'un t'entendait disserter et donner des conseils en matière de nourriture et dire : « Ceci est meilleur que cela, meilleur maintenant et en telle quantité », et qu'ensuite il te questionnât : « Qu'entends-tu par meilleur Alcibiade ? », en une telle occurrence tu saurais bien répondre que c'est ce qui est le plus hygiénique (bien que tu ne fasses pas profession d'être médecin !) ; et, à propos d'un sujet que tu prétends connaître et pour lequel tu te lèves pour donner ton avis à la tribune parce que tu crois
109 le bien connaître, ne rougirais-tu pas de ne pouvoir répondre ? N'y aurait-il pas là apparence de scandale ?

ALCIBIADE : Bien sûr.

SOCRATE : Examine alors et prends à cœur de définir le sens de ce « mieux » dans le fait d'être en paix ou en guerre avec les cités avec lesquelles il faut l'être.

ALCIBIADE : J'ai beau examiner : je n'arrive pas à élucider ma pensée.

SOCRATE : Ne saurais-tu pas, quand nous faisons la guerre, de quelle
b allégation nous sommes capables les uns contre les autres pour nous y engager et de quel terme nous faisons alors usage ?

ALCIBIADE : Si, je le sais ! on dit qu'on nous trompe, ou qu'on nous fait violence, ou bien qu'on nous dépossède.

SOCRATE : Eh bien, vois ! Comment disons-nous qu'on nous traite dans ce cas ? Essaie d'exprimer cela d'un mot qui mette de la netteté dans l'alternative.

ALCIBIADE : Par alternative, entends-tu Socrate, le juste et l'injuste ?

SOCRATE : Précisément.

ALCIBIADE : Mais tout compte fait, cela diffère du tout au tout.

SOCRATE : En conséquence, contre qui conseilleras-tu aux Athéniens de faire la guerre ? Contre ceux qui commettent l'injustice ou contre ceux qui pratiquent la justice ?

c ALCIBIADE : Tu me poses là une question captieuse ! Car, à supposer qu'on veuille faire la guerre à ceux qui pratiquent la justice, on se garderait bien de l'avouer.

SOCRATE : Car ce n'est guère conforme au droit, à ce qu'il semble.

ALCIBIADE : Non certes ! ni élégant, non plus, d'après l'opinion.

SOCRATE : Ainsi, c'est le motif de la justice que tu développeras en tes discours ?

ALCIBIADE : Inévitablement.

Où il est permis de se demander si Alcibiade sait en quoi consiste le juste.

SOCRATE : Alors, ce « mieux » que je te demandais tantôt de préciser au sujet de la paix et de la guerre, pour savoir avec qui, quand et comment il faut faire la guerre et la paix, n'est-ce pas toujours le plus juste ? Qu'en dis-tu ?

ALCIBIADE : Oui, c'est évident.

SOCRATE : Mais alors, mon cher Alcibiade, juge de l'alternative : il faut d
ou que sans le savoir, tu ignores ce que c'est que le juste, ou qu'à mon insu tu sois allé chez quelque maître qui te l'ait appris et qui t'ait enseigné à distinguer le juste de l'injuste. Qui est ce maître ? dis-le-moi, je t'en prie, afin d'être introduit auprès de lui comme disciple ?

ALCIBIADE : Tu badines, Socrate.

SOCRATE : Non, par le dieu de l'amitié qui est nôtre (11) et que j'hésiterai beaucoup à invoquer en vain. Néanmoins si tu le peux, dis-moi qui est e
ce maître.

ALCIBIADE : Et si je n'en ai pas ? Penserais-tu, d'aventure, que je ne puisse savoir autrement ce qui est juste et injuste ?

SOCRATE : Oui, à condition que tu l'aies trouvé.

ALCIBIADE : Et crois-tu que je n'aurais pu le trouver ?

SOCRATE : Bien sûr que si, à condition que tu l'aies cherché.

ALCIBIADE : Et après ? Tu penses que je ne l'aurais pas cherché ?

SOCRATE : A mon avis tu l'aurais cherché, si tu avais cru l'ignorer.

ALCIBIADE : Et après ? n'y a-t-il pas eu un temps où telle était ma disposition d'esprit ?

SOCRATE : Tu parles à merveille. Tu peux donc me dire quel fut ce temps
où tu ne croyais pas connaître le juste et l'injuste ? Voyons : est-ce l'an 110
dernier que se situait ta quête et que tu croyais ne pas posséder ce savoir ? Ou bien le possédais-tu ? Réponds-moi la vérité, afin que notre dialogue ne s'égare pas.

ALCIBIADE : Eh bien oui, je croyais le posséder.

SOCRATE : N'en était-il pas de même, il y a trois, quatre ou cinq ans ?

ALCIBIADE : Si fait !

SOCRATE : Mais auparavant, tu étais, n'est-ce pas, un petit garçon ?

ALCIBIADE : Oui.

SOCRATE : Et, en ce temps-là, je le sais fort bien, tu croyais avoir cette connaissance.

ALCIBIADE : Oh ! comment le sais-tu ?

SOCRATE : C'est que souvent pendant ton enfance, je t'ai entendu à l'école b
et ailleurs, lorsque tu jouais aux osselets (12) ou à quelque autre jeu : or

tu ne marquais point d'embarras sur le juste et l'injuste, mais tu disais, le verbe haut et crânement, de tel qui se trouvait parmi tes petits camarades, qu'il était méchant, injuste, qu'il te faisait tort. Ne dis-je pas vrai ?

ALCIBIADE : Eh ! Socrate, quelle attitude devais-je donc avoir, lorsqu'on me faisait tort ?

SOCRATE : Mais si tu te trouvais ignorant du tort que l'on te faisait ou non, comment peux-tu me demander quelle attitude tu devais adopter ?

c ALCIBIADE : Non, par Zeus ! je ne l'ignorais pas, je savais au contraire, avec certitude que l'on me faisait du tort.

SOCRATE : Ainsi, même dès ton enfance tu croyais connaître, semble-t-il, le juste et l'injuste.

ALCIBIADE : Je le croyais bien sûr et, au surplus, je le connaissais fort bien.

SOCRATE : En quel temps l'avais-tu donc trouvé ? Ce n'est pas, je suppose, au moment même où tu croyais le savoir.

ALCIBIADE : Non, sans doute.

SOCRATE : Alors en quel temps as-tu cru l'ignorer ? Réfléchis. Ce temps-là, en effet, tu ne le trouveras pas.

ALCIBIADE : A dire vrai, Socrate, par Zeus je ne saurais te le dire.

d SOCRATE : Ainsi, tu ne connais pas ces notions pour les avoir trouvées ?

ALCIBIADE : Non, à l'évidence.

SOCRATE : Pourtant ne reconnaissais-tu pas à l'instant, que ce n'est pas non plus pour les avoir apprises que tu les connais ? Alors, si tu ne les as ni trouvées, ni apprises, comment les connais-tu et d'où les tiens-tu ?

ALCIBIADE : Mais sans doute ai-je eu tort de te répondre que je les connaissais pour les avoir découvertes tout seul.

SOCRATE Dans l'autre cas, que fallait-il répondre ?

ALCIBIADE : Que je les ai apprises, j'imagine, comme tout le monde.

SOCRATE : Alors nous voilà revenus au même propos. De qui les as-tu apprises ? Dis-le-moi.

e ALCIBIADE : De tout le monde.

SOCRATE : Tu ne cherches pas refuge auprès d'un maître bien sérieux, en t'en référant à « tout le monde ».

ALCIBIADE : Qu'est-ce à dire ? Tout le monde n'est-il pas capable d'enseigner ?

SOCRATE : En tous les cas, pas même d'enseigner les bons coups au trictrac (13) et ceux qui sont déconseillés ; et pourtant je crois qu'il s'agit là d'une matière plus simple que la justice. Mais quoi ? ne ratifierais-tu pas cette assertion ?

ALCIBIADE : Si.

SOCRATE : Ainsi, ceux qui ne sont point capables d'enseigner des matières simples seraient-ils à même d'enseigner des matières complexes ?

ALCIBIADE : Pour ma part, je le pense. Sans exagération, ils sont bien capables d'enseigner une multitude de choses plus complexes que le trictrac.

SOCRATE : Lesquelles ?

ALCIBIADE : C'est d'eux, par exemple, que j'ai appris à parler grec et je 111
serais bien incapable de dire quel fut mon maître et j'en rapporte le mérite à ceux que tu dis incapables d'enseigner des matières complexes.

SOCRATE : Mais, mon noble ami, tu parles là d'une matière où tout le monde est bon maître et mériterait pour son enseignement de justes éloges.

ALCIBIADE : Pourquoi donc ?

SOCRATE : Parce qu'il a pour cela tout ce qu'il faut pour se montrer bon maître.

ALCIBIADE : De quoi veux-tu parler ?

SOCRATE : Ne sais-tu pas que ceux qui doivent enseigner quoi que ce soit doivent d'abord savoir eux-mêmes ce qu'ils enseignent ? Vrai ou pas ?

ALCIBIADE : Sans aucun doute.

SOCRATE : Ne faut-il pas également que ceux qui savent s'accordent entre eux et ne cultivent pas les différences ?

ALCIBIADE : Certes. b

SOCRATE : Et s'ils diffèrent sur un certain nombre de points, diras-tu qu'en cela leur connaissance est adéquate ?

ALCIBIADE : Assurément, non.

SOCRATE : Comment alors les enseignerait-on ?

ALCIBIADE : D'aucune manière.

SOCRATE : Eh bien, ce « tout le monde » est-il en désaccord à propos de ce que l'on nomme « pierre » ou « bois » ? Interroge qui tu voudras, les réponses qui te seront faites ne seront-elles pas concordantes ? Et n'est-
ce pas vers les mêmes objets que l'on s'élancera quand on voudra saisir c
une pierre ou du bois ? Et ainsi pour tout ce qui est de cet ordre. Or c'est bien là, si je te comprends, ce que tu entends par savoir parler grec : n'est-ce pas cela ?

ALCIBIADE : Oui, c'est cela.

SOCRATE : Donc en ce cas, les particuliers, comme nous le disions, s'accordent tous entre eux et séparément avec eux-mêmes, et, en ce qui a trait à la chose publique, les Cités ne disputent pas entre elles les unes se servant d'une terminologie, les autres d'une terminologie différente.

ALCIBIADE : Non, effectivement.

SOCRATE : Il serait donc naturel qu'en ces matières, du moins, tout le d
monde fût un bon maître.

ALCIBIADE : Oui.

SOCRATE : Si donc notre intention était de faire en sorte que quelqu'un acquît une connaissance en ces domaines, n'aurions-nous pas raison de l'envoyer à l'école de tout le monde?

ALCIBIADE : Eh oui, certainement!

SOCRATE : Au contraire, si notre intention avait été qu'il connût, non seulement ce que signifient « homme » ou « cheval », mais lesquels d'entre eux sont de bons ou de mauvais coureurs, est-ce encore tout le monde qui serait capable de l'enseigner?

ALCIBIADE : Pas du tout.

SOCRATE : N'est-ce pas pour toi un symptôme dirimant que « tout le
e monde » ne sache pas cela et ne soit pas maître compétent en ces matières, puisqu'il n'est là-dessus aucunement d'accord avec lui-même?

ALCIBIADE : Ma foi, oui.

SOCRATE : Alors, si notre intention était de savoir non seulement ce que sont « les hommes », mais encore quels hommes sont bien portants ou malades, est-ce que « tout le monde » serait en état de nous l'enseigner?

ALCIBIADE : Pas du tout.

SOCRATE : Ne serait-ce pas pour toi le symptôme qu'il est maître de mauvaise qualité, si tu le voyais en contradiction avec lui-même?

ALCIBIADE : Oui, j'en suis d'accord.

112 SOCRATE : Eh bien maintenant, sur le juste ou l'injuste, en fait d'hommes ou d'affaires, crois-tu que la plupart des hommes soient d'accord et avec eux-mêmes et avec les autres?

ALCIBIADE : Par Zeus! pas le moins du monde.

SOCRATE : Bien plus, n'est-ce pas là-dessus que le désaccord est extrême?

ALCIBIADE : Certes et de beaucoup.

SOCRATE : Du moins, je ne crois pas que tu aies jamais vu ou entendu dire que les hommes étaient si divisés sur la question de savoir si tel était ou non bien portant, qu'ils aient pris les armes sous ce prétexte et se soient tués les uns les autres.

ALCIBIADE : Certes non!

b SOCRATE : Mais, sur le juste et l'injuste, cela ne manque pas d'arriver, je le sais quant à moi. Et même si tu n'en as pas été témoin oculaire, je puis dire sans exagération que tu en connais par ouï-dire beaucoup d'exemples et en particulier par Homère; car tu as entendu réciter et l'Iliade et l'Odyssée.

ALCIBIADE : Oh! Bien sûr, Socrate.

SOCRATE : Or, ce sont des poèmes qui traitent de dissentiments portant sur le juste et l'injuste.

ALCIBIADE : C'est vrai.

SOCRATE : Et les batailles comme les morts d'hommes n'ont pas d'autres
c prétexte qu'une dissension entre Achéens et leurs adversaires les Troyens; ainsi également pour les prétendants de Pénélope et Ulysse.

ALCIBIADE : C'est la vérité.

SOCRATE : Et j'imagine ceux qui moururent à Tanagra (14), Athéniens, Lacédémoniens, Béotiens et, après, à Coronée (15), où ton père Clinias fut tué, le sujet de leurs combats et de leur mort ne fut autre, que cette diversité de sentiments sur le juste et l'injuste ? N'est-il pas vrai ?

ALCIBIADE : C'est la vérité.

SOCRATE : Alors pouvons-nous dire que les hommes connaissent des d
notions et des contenus sur lesquels ils sont si violemment divisés, qu'en s'acharnant à se contredire, ils en viennent aux pires extrémités ?

ALCIBIADE : Évidemment, non.

SOCRATE : Voilà néanmoins les maîtres auxquels tu te réfères, tout en convenant toi-même du néant de leur connaissance.

ALCIBIADE : J'en ai un peu l'air.

SOCRATE : Quelle apparence donc que tu saches ce qui est juste et ce qui ne l'est pas, quant à ce sujet, si tu es dans l'errance et qu'il est visible que tu ne l'as appris de personne ni même découvert par toi-même ?

ALCIBIADE : En se fondant sur ce que tu dis là, il n'y a pas d'apparence.

SOCRATE : Ne vois-tu pas, une fois encore, que tu ne t'es pas exprimé e
d'une manière appropriée, Alcibiade ?

ALCIBIADE : En quoi ?

SOCRATE : Lorsque tu prétends que c'est moi qui dis cela.

ALCIBIADE : Mais à mon tour : n'est-ce pas toi qui dis que je suis complètement ignorant du juste et de l'injuste ?

SOCRATE : Eh non.

ALCIBIADE : Ce serait donc moi, par hasard ?

SOCRATE : Positivement.

ALCIBIADE : Et comment donc ?

SOCRATE : Voici comment tu le sauras. Si je te demandais lequel est le plus grand de un ou de deux, n'affirmeras-tu pas que c'est deux ?

ALCIBIADE : Cela va de soi.

SOCRATE : Et de combien ?

ALCIBIADE : D'une unité.

SOCRATE : Alors, lequel d'entre nous dit-il que deux est plus grand que un d'une unité ?

ALCIBIADE : C'est moi.

SOCRATE : Or c'est moi qui posais l'interrogation, et toi qui répondais ?

ALCIBIADE : C'est bien cela.

SOCRATE : Dès lors, quel est celui qui apparemment énonce un jugement 113
en ces matières ? Moi qui interroge, ou bien toi qui réponds ?

ALCIBIADE : C'est moi.

SOCRATE : Et si maintenant je te demandais de quelles lettres se compose le nom de Socrate et que tu me le dises, qui de nous énoncerait la chose ?

ALCIBIADE : Moi.

SOCRATE : Poursuivons : en un mot dis-le-moi, quand il y a question et réponse, lequel des deux énonce son opinion ? Celui qui pose la question, ou bien celui qui y répond ?

ALCIBIADE : Il me paraît, Socrate, que c'est celui qui répond.

b SOCRATE : Eh bien, tout à l'heure, d'un bout à l'autre de notre entretien, n'est-ce pas seulement moi, qui questionnais ?

ALCIBIADE : J'en conviens bien volontiers.

SOCRATE : Et c'était toi qui répondais ?

ALCIBIADE : Parfaitement.

SOCRATE : Dans ce cas, ce qui a été dit, qui de nous l'a énoncé ?

ALCIBIADE : A l'évidence, Socrate, c'est moi, selon nos conventions (16).

SOCRATE : La cause est entendue : en ce qui concerne le juste et l'injuste, il a été dit que le bel Alcibiade, fils de Clinias, n'en avait nulle connaissance, bien qu'il se crût savant, et qu'il se proposât d'aller dans l'Assemblée du Peuple donner des conseils aux Athéniens sur des questions où il n'entendait rien. N'est-ce pas exact ?

c ALCIBIADE : Apparemment.

SOCRATE : Alors il en est ici comme chez Euripide, Alcibiade : « C'est de ta bouche et non de la mienne (17) » que tu pourrais avoir entendu ces paroles ; ce n'est pas moi qui parle ainsi, c'est toi et tu m'en tiens vraiment pour responsable. Et en vérité tu as bonne raison de le dire ; car c'est une extravagante entreprise, ami très cher, que tu as en tête : enseigner ce que tu ne sais pas, pour avoir négligé de l'apprendre.

La conjonction des biens : le juste, le beau, le bon, l'avantageux.

d ALCIBIADE : A vrai dire, Socrate, je crois qu'il est rare que les délibérations des Athéniens et des autres Grecs aient pour fin de déterminer quel est le parti le plus juste ou le plus injuste, car ils pensent qu'il s'agit là de notions claires. Aussi les laissent-ils de côté et examinent-ils quel est le choix le plus avantageux pour leur action. En effet, je crois que le juste ne se confond pas avec l'avantageux ; au contraire, combien de gens ont eu beau profit à commettre de grandes injustices, pendant que d'autres, je crois, n'ont pas trouvé d'avantages à accomplir des actes empreints de justice.

e SOCRATE : Que dis-tu ? A supposer que le juste et l'avantageux soient absolument différents, tu ne vas pas, j'espère, t'imaginer connaître ce qui est avantageux aux hommes, et ce qui le constitue ?

ALCIBIADE : Qu'est-ce qui s'y opposerait, Socrate, à moins que tu ne me demandes cette fois encore de qui je l'ai appris ou comment je l'ai découvert moi-même ?

SOCRATE : Qu'inventes-tu là ? Si tu avances un jugement erroné et qu'il soit possible de le démontrer tel, par la médiation d'un discours calqué sur le précédent, tu imagines que je m'obligerai à te fournir de nouveau d'autres preuves, comme si celles qui ont déjà servi étaient des vêtements usés sortant du fripier, et dont tu ne voudrais plus être habillé ? Il faut
que l'on te fournisse une preuve pure et immaculée ? Quant à moi, 114
négligeant allègrement tes précautions oratoires, je ne t'en demanderai pas moins, cette fois, l'origine de ta science de l'avantageux ; quel est ton maître ; derechef en une question unique, je te poserai toutes mes questions antérieures à la fois... Mais il n'est que trop évident que tu en viendras au même point : tu seras incapable de me prouver que tu sais ce qui est avantageux, ni pour l'avoir découvert, ni pour l'avoir appris. Toutefois puisque tu es si délicat et que tu ne goûterais guère le même
discours, je renonce volontiers à la question de savoir si tu as ou non b
connaissance de ce qui est avantageux aux Athéniens. Mais le juste et l'avantageux sont-ils identiques ou distincts : pourquoi ne me l'as-tu pas expliqué, à ta guise, en me questionnant comme je l'ai fait moi-même à ton adresse ou bien en créant le discours accordé à la thèse qui est tienne ?

ALCIBIADE : Je ne sais trop, Socrate, si devant toi, je serai capable de composer ce discours.

SOCRATE : Eh bien, mon bon ami, figure-toi que je suis l'Assemblée, que je suis le peuple athénien ; là aussi tu auras à convaincre chacune des personnes présentes, n'est-ce pas ?

ALCIBIADE : En effet.

SOCRATE : Or, un même homme ne peut-il pas persuader une personne c
isolée aussi bien qu'une foule de ce dont il a connaissance, tel le maître de grammaire qui, enseignant la lecture et l'écriture, persuade aussi bien un seul élève que plusieurs ?

ALCIBIADE : C'est vrai.

SOCRATE : De même, en matière de nombre, un même homme persuadera aussi bien un auditeur que plusieurs.

ALCIBIADE : Certainement.

SOCRATE : A condition qu'en cette matière, il soit celui qui sait, l'arithméticien ?

ALCIBIADE : Parfaitement.

SOCRATE : Donc toi aussi, ce que tu es capable de persuader à plusieurs, tu peux le communiquer à un seul.

ALCIBIADE : Apparemment.

SOCRATE : Évidemment, il s'agit de ce que tu sais.

ALCIBIADE : Oui.

SOCRATE : Quelle autre différence peut-on établir entre l'orateur qui
d parle devant le Peuple et celui qui le fait dans un entretien tel que le nôtre, sinon que l'un persuade ses auditeurs réunis en assemblée compacte, l'autre en s'adressant à chacun pris isolément ?

ALCIBIADE : Cette distinction est très plausible.

SOCRATE : Va de l'avant, à présent ! Puisqu'il appartient à une seule et même personne, à l'évidence, de persuader plusieurs auditeurs et un seul, exerce-toi sur moi (18) et tâche de me démontrer que parfois le juste n'est pas avantageux.

ALCIBIADE : Tu passes toute mesure, Socrate !

SOCRATE : Eh bien, je forcerai encore la démesure, en allant jusqu'à te prouver le contraire de ce que tu ne veux pas me prouver.

ALCIBIADE : Parle donc.

SOCRATE : Tu n'as qu'à répondre à mes questions.

e ALCIBIADE : Que non pas ! Parle bien plutôt tout seul.

SOCRATE : Eh bien quoi ? Ton souhait le plus ardent n'est-ce pas d'être convaincu ?

ALCIBIADE : Oh ! oui ! assurément.

SOCRATE : Et n'est-ce pas quand tu déclareras : « Il en est bien ainsi » que tu seras le plus pleinement convaincu ?

ALCIBIADE : Il me semble que si.

SOCRATE : Alors réponds et si tu ne t'entends pas toi-même déclarer que ce qui est juste est avantageux, ne crois pas un traître mot de ce qu'un autre t'en dirait.

ALCIBIADE : Non, bien sûr ! Mais il me faut répondre. Au surplus, je ne vois pas en quoi cela pourrait me causer grand dommage.

115 SOCRATE : Tu es admirablement apte à la divination ! Dis-moi donc : parmi les choses justes, il en est quelques-unes, déclares-tu, qui sont avantageuses, d'autres qui ne le sont pas ?

ALCIBIADE : Oui.

SOCRATE : Mais encore ! En est-il qui sont belles, d'autres qui ne le sont pas ?

ALCIBIADE : Que signifie cette question ?

SOCRATE : Je te demande s'il t'a déjà semblé qu'un homme pût avoir des conduites laides mais justes.

ALCIBIADE : Je suis bien éloigné de le croire.

SOCRATE : Alors tout ce qui est juste est beau.

ALCIBIADE : Oui.

SOCRATE : Mais que dirons-nous encore de ce qui est beau ? Tout ce qui est beau est-il bon, ou bien y a-t-il partition entre eux ?

ALCIBIADE : Pour ma part, je pense, Socrate, que parmi les belles choses il y en a quelques-unes qui sont mauvaises.

SOCRATE : En est-il aussi de laides qui sont bonnes ?

ALCIBIADE : Oui. b

SOCRATE : Veux-tu parler de cas tels que celui-ci : par exemple, que bien des soldats ont été blessés ou sont morts à la guerre pour avoir porté secours à un compagnon d'armes ou à un parent, tandis que d'autres qui, contrairement au devoir, n'ont pas été secourables, en sont revenus sains et saufs ?

ALCIBIADE : Effectivement.

SOCRATE : Ainsi, le secours qu'un homme donne à son ami tu l'appelles beau, en ce qu'il entreprend de sauver celui qu'il avait le devoir de secourir ; et n'est-ce pas ce qu'on appelle valeur (19) ?

ALCIBIADE : Oui.

SOCRATE : Mais, en vérité, ce même secours tu le tiens pour mauvais à cause de la mort et des blessures qu'il nous attire ? Est-ce bien cela ?

ALCIBIADE : Oui.

SOCRATE : Mais dès lors, la vaillance est une chose, la mort en est une c
autre ?

ALCIBIADE : Eh ! absolument.

SOCRATE : Ainsi donc, porter secours à des amis n'est pas beau et mauvais sous le même rapport.

ALCIBIADE : Apparemment, non.

SOCRATE : Vois maintenant si, en tant que formellement belle, cette action est bonne aussi, de la même manière que tout à l'heure. Du côté de la valeur, tu viens de convenir que le secours prêté est beau. Envisage donc maintenant en elle-même cette valeur : est-elle bonne ou mauvaise ? Pour cela, réfléchis, que te souhaites-tu à toi-même, des biens ou des maux ?

ALCIBIADE : Des biens.

SOCRATE : Et surtout les plus grands biens et ceux dont tu ne voudrais d
pas le moins du monde être privé ?

ALCIBIADE : Comment le nierai-je ?

SOCRATE : Eh bien, que dis-tu à présent de la valeur ? A quel prix accepterais-tu d'en être privé ?

ALCIBIADE : Je ne voudrais pas de la vie, si je devais être lâche (20).

SOCRATE : La lâcheté te paraît donc être le plus grand des maux.

ALCIBIADE : A moi, oui.

SOCRATE : Aussi grand que la mort, semble-t-il ?

ALCIBIADE : Je l'affirme.

SOCRATE : Mais alors, ce qu'il y a de plus contraire à la mort et à la lâcheté, c'est la vie et la valeur.

ALCIBIADE : Oui.

SOCRATE : Et tu souhaiterais les unes et repousserais les autres ?
ALCIBIADE : Certes.

e SOCRATE : Ne serait-ce donc pas que tu estimes les unes excellentes et les autres très mauvaises ?

ALCIBIADE : Absolument.

SOCRATE : C'est donc parmi les choses les meilleures que tu estimes devoir compter la valeur, et la mort parmi les pires ?

ALCIBIADE : Moi ? oui certes.

SOCRATE : Tu reconnais donc que secourir son ami à la guerre, c'est une action belle par son rapport au bien qui est la vaillance ?

ALCIBIADE : Oui, je le reconnais.

SOCRATE : Et que c'est une action malheureuse par son immanence au mal, c'est-à-dire à la mort ?

ALCIBIADE : Oui.

SOCRATE : Telle est donc la juste manière de qualifier chacune de nos actions : si tu l'appelles mauvaise en tant qu'elle est cause productrice
116 du mal, il faut l'appeler bonne en tant qu'elle est cause productrice du bien.

ALCIBIADE : Tel est également mon avis.

SOCRATE : Ainsi donc, en tant que bonnes, elles sont belles, et déplaisantes en tant que mauvaises ?

ALCIBIADE : Oui.

SOCRATE : De telle sorte, qu'en disant que le secours que l'on porte à ses amis à la guerre est une action belle, mais mauvaise, que fais-tu sinon de l'appeler sans autre nuance, bonne mais mauvaise ?

ALCIBIADE : J'ai l'impression que tu dis vrai.

SOCRATE : Ainsi donc, rien de ce qui est beau, en tant qu'il est beau, n'est mauvais ; pas davantage rien de ce qui est déplaisant, en tant que déplaisant, n'est bon.

b ALCIBIADE : Cela me paraît clair.

SOCRATE : Considère, en outre, la question dans cette perspective : celui qui fait une belle action ne se conduit-il pas avec bonheur (21) ?

ALCIBIADE : Si.

SOCRATE : Or ceux qui se conduisent avec bonheur, ne sont-ils pas heureux ?

ALCIBIADE : Comment en douter ?

SOCRATE : N'est-on pas heureux par la possession du bien ?

ALCIBIADE : Parfaitement.

SOCRATE : Or, le bien n'est-ce pas en se conduisant d'une façon bonne et belle qu'on l'acquiert ?

ALCIBIADE : Oui.

SOCRATE : Donc bien vivre est un bien ?

ALCIBIADE : Sans nul doute.

SOCRATE : Et faire le bien est beau ?

ALCIBIADE : Oui.

SOCRATE : Ainsi une fois de plus il nous apparaît que le beau et le bien c
coïncident.

ALCIBIADE : Apparemment.

SOCRATE : Ainsi, quand nous trouverons qu'une chose est belle, nous trouverons également qu'elle est bonne, selon la logique de notre discours.

ALCIBIADE : Nécessairement.

SOCRATE : Mais quoi ? Ce qui est bon, est-il avantageux ou non ?

ALCIBIADE : Avantageux, c'est le mot.

SOCRATE : Te souviens-tu maintenant de la manière dont nous nous accordâmes au sujet du juste ?

ALCIBIADE : Oui, je crois : quand on accomplit une action juste, on accomplit nécessairement une action belle.

SOCRATE : Belle, elle est, de surcroît, une action bonne ?

ALCIBIADE : Oui.

SOCRATE : Et ce qui est bon est avantageux ? d

ALCIBIADE : Oui.

SOCRATE : Donc, Alcibiade, ce qui est juste est avantageux.

ALCIBIADE : J'en ai bien l'impression.

SOCRATE : Quoi encore ? N'est-ce pas toi qui séries toutes ces affirmations, alors que je ne fais que poser des questions ?

ALCIBIADE : Évidemment, j'en ai bien l'air.

SOCRATE : Alors, si quelqu'un se lève pour donner son conseil, soit au Peuple d'Athènes, soit à celui de Péparêthos (22), croyant connaître le Juste de l'Injuste et s'il dit que le Juste est quelquefois le Mal, ne te moquerais-tu pas de lui, puisqu'en l'occurrence tu affirmes de ton côté
que le Juste se confond avec l'avantageux ? e

ALCIBIADE : Par les dieux, Socrate, je ne sais plus guère ce que je dis et, en vérité, j'ai l'air d'un homme qui se conduit d'une manière bien étrange : quand tu me questionnes je suis, en effet, tantôt d'un avis, tantôt de l'autre.

De l'incertitude : naïveté de l'ignorant qui se croit docte.

SOCRATE : Et puis après ? Ignores-tu, mon cher ami, d'où provient ce trouble ?

ALCIBIADE : Absolument.

SOCRATE : Crois-tu donc, que si d'aventure on te demandait : « As-tu deux yeux ou trois ? as-tu deux mains ou quatre ? » ou que l'on te posât quelque autre interrogation de ce genre, tu donnerais tantôt une réponse, tantôt une autre, ou toujours la même ?

117 ALCIBIADE : Bien qu'assailli de doutes sur mon esprit de justesse, je crois que je donnerai toujours la même réponse.

SOCRATE : Serait-ce donc parce que tu sais ? Ne tenons-nous pas, là, la vraie raison ?

ALCIBIADE : Pour ma part, je le pense.

SOCRATE : Donc, lorsque tu donnes, malgré toi, des réponses contradictoires, il est évident que tu ne connais pas le sujet dont tu parles.

ALCIBIADE : C'est probable.

SOCRATE : Aussi, ne reconnais-tu pas que sur le juste et l'injuste, le beau et le laid, le mal et le bien, l'avantageux et son contraire tu errais dans tes réponses ? Après tout, n'est-il pas clair que c'était faute de posséder là-dessus des connaissances ? Que là se situait la raison de ton errance ?

b ALCIBIADE : C'est bien cela.

SOCRATE : Les choses ne se passent-elles pas ainsi : lorsque quelqu'un est dépourvu de connaissances, fatalement l'âme en recherche est guettée par l'errance.

ALCIBIADE : Il ne saurait en être autrement.

SOCRATE : Dis-moi maintenant : sais-tu par quel moyen tu pourrais monter au ciel ?

ALCIBIADE : Non ! par Zeus, je te l'assure.

SOCRATE : Est-ce que ton jugement erre aussi sur ce sujet ?

ALCIBIADE : Point du tout.

SOCRATE : En connais-tu la raison, ou veux-tu que je te la dise ?

ALCIBIADE : Dis-le.

SOCRATE : Eh bien, mon ami, c'est que ne sachant pas cela, tu ne t'imagines pas le savoir.

c ALCIBIADE : Comment entends-tu ce que tu dis là ?

SOCRATE : Voyons les choses de concert : lorsque tu ignores une chose et que tu sais que tu l'ignores, ton esprit erre-t-il en cette occurrence ? Dans le cas des préparations culinaires, tu sais bien, n'est-ce pas, que tu n'y connais rien ?

ALCIBIADE : Assurément.

SOCRATE : Mais prétends-tu avoir une opinion personnelle sur les modalités concrètes de leur apprêt, et ton jugement erre-t-il à ce propos ? Ou bien t'en remets-tu à celui qui sait ?

ALCIBIADE : Je m'en remets à lui.

SOCRATE : En outre, si tu étais sur un vaisseau, déciderais-tu s'il convient
d d'amener la barre au-dedans ou au-dehors, et faute de le savoir, ton esprit errerait-il, ou bien t'en remettant au capitaine du navire, ne te tiendrais-

tu pas tranquille ?

ALCIBIADE : Je m'en remettrais au capitaine.

SOCRATE : Par conséquent, en ce qui concerne les sujets que tu ne connais pas, tu ne risques aucune errance si tu sais que tu les ignores.

ALCIBIADE : Non, apparemment.

SOCRATE : Ne comprends-tu pas, à présent, que les erreurs de conduite proviennent aussi de cette sorte d'aveuglement, qui consiste à croire que l'on sait ce que l'on ne sait pas ?

ALCIBIADE : Ici encore, que signifie ton discours ?

SOCRATE : Lorsque nous avons quelque action en projet, n'est-ce pas que nous croyons bien connaître les modalités de notre entreprise ?

ALCIBIADE : Oui.

SOCRATE : Mais lorsqu'on ne croit pas les connaître, on s'en remet à e
d'autres ?

ALCIBIADE : Comment ne le ferait-on pas ?

SOCRATE : C'est ainsi que les ignorants de cette espèce ne commettent pas d'erreur dans la vie parce qu'ils s'en remettent à d'autres de ce qu'ils ignorent.

ALCIBIADE : Certes.

SOCRATE : Alors quels sont ceux qui commettent des erreurs ? Ce ne sont pas, du moins, ceux qui savent ?

ALCIBIADE : Assurément, non.

SOCRATE : Or, puisque ce ne sont ni ceux qui savent, ni parmi les
ignorants, ceux qui savent qu'ils ne savent pas, en reste-t-il d'autres que 118
ceux qui ne savent pas, mais s'imaginent savoir ?

ALCIBIADE : Point d'autres : il ne reste que ceux-là.

SOCRATE : Par conséquent, telle est bien l'ignorance qui est la cause des maux et la sottise qu'on ne saurait trop flétrir.

ALCIBIADE : Oui.

SOCRATE : Et quand elle se rapporte aux sujets les plus importants, n'est-elle pas alors la plus pernicieuse et la plus dégradante ?

ALCIBIADE : De beaucoup.

SOCRATE : Eh bien, es-tu à même de citer des sujets plus essentiels que le juste, le beau, le bien, l'avantageux ?

ALCIBIADE : Non, aucun.

SOCRATE : Pourtant n'est-ce pas relativement à ces contenus que tu confesses ton errance ?

ALCIBIADE : Oui.

SOCRATE : Or si ton esprit erre, n'est-il pas clair, d'après ce qui précède,
que non seulement tu ignores les sujets les plus considérables, mais b
encore que, ne les connaissant pas, tu t'imagines les connaître ?

ALCIBIADE : C'est fort possible.

Peut-on concevoir une science du politique?

SOCRATE : Oh ! Oh ! Mon cher Alcibiade, quelle épreuve subis-tu là ! Une
épreuve que j'hésite à désigner par son nom et cependant, puisque nous
sommes seuls, il faut parler net. Car tu cohabites, excellent ami, avec
une ignorance qui est l'extrême ignorance : c'est notre discours qui le
signifie ou plutôt c'est toi-même. Et voilà pourquoi tu te précipites sur
les affaires du domaine politique avant que d'en être instruit. D'ailleurs
cette inclination ne t'est pas particulière ; c'est celle de la plupart de ceux
c qui traitent les affaires de cette Cité, à l'exception d'un petit nombre et
peut-être de Périclès, ton tuteur.

ALCIBIADE : On dit aussi, Socrate, qu'il n'est pas devenu ingénieux par l'effet d'une disposition toute singulière, mais qu'il a aussi été en relation avec beaucoup de savantes personnes : Pythoclidès, Anaxagore et maintenant encore à l'âge qui est le sien, toujours avec la même intention, il a commerce avec Damon (23).

SOCRATE : Dis-moi, as-tu déjà vu quelqu'un d'adroit en quelque matière, qui fût incapable de communiquer son adresse à un autre ? Par exemple, celui qui t'a appris à lire et à écrire le savait lui-même et t'a permis d'en faire autant et il l'a enseigné à tous ceux qu'il a voulu : n'est-ce pas la vérité ?

ALCIBIADE : Oui.

d SOCRATE : Donc, toi aussi, qui as été instruit par lui, tu serais capable d'en faire autant.

ALCIBIADE : Oui.

SOCRATE : Et il en sera de même pour le maître de cithare et le maître de gymnastique ?

ALCIBIADE : Effectivement.

SOCRATE : C'est en effet, sans doute, une belle preuve du savoir de ceux qui savent quelque chose, que d'être capable de former un autre homme qui ait aussi leur savoir.

ALCIBIADE : C'est également mon avis.

SOCRATE : Eh bien, peux-tu me nommer quelqu'un que Périclès ait rendu adroit, à commencer par ses fils ?

e ALCIBIADE : Quelle question, Socrate, les deux fils de Périclès étaient simplets (24) !

SOCRATE : Et qu'a-t-il fait de Clinias, ton propre frère ?

ALCIBIADE : Pourquoi évoquerais-tu maintenant Clinias, un insensé ?

SOCRATE : Eh bien, puisque Clinias est un insensé, que les deux fils de Périclès ont été simplets, quel motif assignerons-nous à sa négligence à l'égard d'un aussi heureux naturel que le tien ?

ALCIBIADE : Je crois que j'en suis responsable : je ne prête pas attention à ce qu'il me dit.

SOCRATE : En revanche, parmi tous les autres, Athéniens ou étrangers, 119
esclave ou homme libre, nomme-moi quelqu'un qui ait dû à ses relations avec Périclès d'acquérir un plus grand savoir-faire ; pour moi je suis à même de te citer Pythodore, le fils d'Isolochos, instruit par Zénon et Callias, le fils de Calliadès, qui l'un et l'autre moyennant cent mines versées (25) au même Zénon (26) ont acquis du savoir-faire et de la considération.

ALCIBIADE : Non, par Zeus, je n'en connais pas.

Nouvelles considérations générales sur la science du politique.

SOCRATE : Passons. Mais enfin pour en revenir à toi, qu'as-tu en l'esprit ? Est-ce de t'en tenir à l'état où tu es aujourd'hui, ou bien d'entreprendre quelque affaire ?

ALCIBIADE : Délibérons-en tous les deux, Socrate. Cependant que tu b
parles, je réfléchis et j'ai le même sentiment que toi : oui, les hommes qui gèrent les affaires de la Cité, quelques-uns mis à part, me paraissent être dépourvus de culture.

SOCRATE : Et après, quelle conséquence en tires-tu ?

ALCIBIADE : C'est que, s'ils avaient eu la culture en partage, il faudrait que celui qui entreprendrait d'entrer en compétition avec eux, se mît à s'instruire et à s'exercer, comme s'il devait lutter contre des athlètes. En fait, puisque ces hommes dénués de culture viennent se mêler, sans la moindre préparation, des affaires publiques, pourquoi faudrait-il c
s'exercer et se donner la peine d'apprendre ? Je sais fort bien, quant à moi, que par mes dons naturels, j'aurai sur eux une supériorité absolue.

SOCRATE : Oh ! excellent ami, que viens-tu de dire là ? Comme cela est indigne de ton caractère et des autres qualités que tu possèdes !

ALCIBIADE : Que veux-tu me dire essentiellement et à quelle fin, Socrate ?

SOCRATE : J'en suis désolé pour toi et pour l'affection que je te porte...

ALCIBIADE : Mais encore ?

SOCRATE : Que tu aies pu croire que tes rivaux étaient les gens d'ici.

ALCIBIADE : Mais, pour en venir au fait, quels sont donc mes rivaux ?

SOCRATE : Est-il digne pour un homme qui croit avoir l'âme grande de d
poser une telle question ?

ALCIBIADE : Quoi donc ? N'est-ce pas avec ces gens-là que j'aurai à entrer en rivalité ?

SOCRATE : Si tu projetais de gouverner une trière prête à prendre part à un combat naval, te suffirait-il d'être le meilleur pilote de l'équipage ? Ou bien tout en pensant qu'il doit en être réellement ainsi, ne tournerais-tu pas ton regard vers ceux qui sont tes adversaires authentiques, au lieu de les tourner, comme à présent, vers tes assistants ? Et ceux-là, tu dois e sans aucun doute les surpasser d'une manière si éminente, qu'ils ne puissent même pas rivaliser avec toi ; bien au contraire, traités avec autorité, il faut qu'ils te prêtent leur concours contre les ennemis, à condition, bien entendu, que tu aies réellement en l'esprit de produire une œuvre vraiment belle, une œuvre digne de toi et de la Cité.

ALCIBIADE : Il est sûr que c'est bien là ce que j'ai en l'esprit.

SOCRATE : Dans ces conditions est-il bien digne de toi de te contenter d'être le premier de nos soldats et de ne pas tourner ton regard vers les chefs des peuples rivaux, pour voir si d'aventure, tu pouvais leur être supérieur, en les étudiant, en t'exerçant sur leur modèle ?

120 ALCIBIADE : Mais quels sont, Socrate, ces chefs dont tu veux parler ?

SOCRATE : Ne sais-tu pas qu'à toute occasion notre Cité est en guerre avec les Lacédémoniens et le Grand Roi ?

ALCIBIADE : Je le sais.

SOCRATE : Par conséquent si tu songes à être le chef de notre Cité, ne dois-tu pas considérer comme tes rivaux les rois de Lacédémone et ceux de Perse, si toutefois tu voulais juger la situation en toute justesse ?

ALCIBIADE : Il se pourrait bien que tu dises vrai.

b SOCRATE : Eh non, mon ami, non, c'est plutôt sur Midias (27), l'éleveur de cailles qu'il te faut porter tes regards et sur d'autres individus du même acabit, qui entreprennent de gérer les affaires de la Cité alors que par l'effet de l'ignorance, ils ont encore dans l'âme, comme diraient les femmes, « leurs cheveux courts d'esclaves (28) », sans songer à se les ôter ; et bien que parlant encore un grec dialectal, ils sont venus pour aduler le peuple et non pour le gouverner. Oui, c'est le regard fixé sur les individus dont je parle, qu'il te faut être enfin, insoucieux, ne rien apprendre de ce qu'il faut savoir. Lorsqu'on est sur le point de s'engager c dans une lutte si serrée, sans t'exercer à tout ce qui demande de l'exercice, sans t'inquiéter d'être préparé entièrement comme on doit s'y préparer, c'est dans cet état que tu aborderas les affaires de la Cité.

ALCIBIADE : C'est entendu, Socrate, tu me parais parler en vérité ; cependant je pense que les généraux des Lacédémoniens et le roi des Perses ne se distinguent en rien des autres.

SOCRATE : Mais cette pensée, mon excellent ami, examine ce qu'elle vaut.

ALCIBIADE : Dans quelle perspective ?

SOCRATE : En premier lieu, crois-tu que tu aurais ou non, un plus grand d souci de toi-même, si tu les craignais et si tu les jugeais redoutables ?

ALCIBIADE : Cela est manifeste, si je les croyais redoutables.

SOCRATE : Et ce souci que tu aurais de toi-même, penses-tu qu'il te nuirait ?

ALCIBIADE : Pas le moins du monde ! J'y gagnerais même beaucoup.

SOCRATE : Voilà donc un premier désavantage que comporte ta pensée.

ALCIBIADE : Tu dis vrai.

SOCRATE : En second lieu, elle est aussi malencontreuse en ce qu'elle est fausse, à l'envisager selon les vraisemblances.

ALCIBIADE : Comment donc ?

SOCRATE : Est-il vraisemblable que les meilleurs naturels se rencontrent e
dans les familles les plus nobles, oui ou non ?

ALCIBIADE : Dans les plus nobles, cela est évident.

SOCRATE : Et aussi, ceux qui sont bien nés, à condition qu'ils soient bien élevés, n'accèdent-ils pas à la perfection dans la voie du vrai mérite ?

ALCIBIADE : Nécessairement.

SOCRATE : Examinons donc, en faisant l'antithèse de nos positions respectives, d'abord si les rois des Lacédémoniens et des Perses, nous semblent être de race inférieure. Or, ne savons-nous pas que les premiers descendent d'Héraclès, les seconds d'Achéménès (29) et que l'on fait remonter à Persée, fils de Zeus, l'origine d'Héraclès (30) et celle d'Achéménès ?

ALCIBIADE : Et la mienne, Socrate, remonte à Eurysakès (31) et celle 121
d'Eurysakès à Zeus.

SOCRATE : Et la mienne, noble Alcibiade, remonte à Dédale (32) et celle de Dédale à Héphaïstos (33), fils de Zeus. Mais leurs origines à eux, en commençant par eux-mêmes, c'est jusqu'à Zeus, une gradation continuelle de rois, sans rupture de continuité : les uns, rois d'Argos et de Lacédémone, les autres de tout temps rois de Perse et, souvent de toute l'Asie, comme c'est le cas aujourd'hui ; tandis que nous sommes, nous,
de simples citoyens et nos aïeux aussi. Et enfin, s'il te fallait faire valoir b
à Artaxerxès, le fils de Xerxès, tes ancêtres et lui parler de Salamine, la patrie d'Eurysakès, et d'Égine, patrie d'Ajax, son prédécesseur, quel sujet de risée ne lui donnerais-tu pas ? Prends donc garde, qu'obligés de céder sur la naissance, nous ne soyons pas aussi inférieurs à ces individualités du côté de l'éducation. N'as-tu pas perçu tout ce qu'il y a de grand dans les rois de Lacédémone, dont les femmes sont placées par décision d'État sous la surveillance des éphores (34), pour éviter
autant qu'il se peut, qu'il ne vienne à naître secrètement un roi qui ne c
serait pas du sang des Héraclides (35) ? Quant au roi des Perses, sa transcendance est telle que personne n'a le soupçon qu'un roi pourrait naître d'un autre que le roi ; aussi l'épouse du roi n'est-elle protégée que par la crainte qui l'entoure. Or, lorsque naît le premier enfant, l'héritier du trône, il y a tout d'abord fête collective dans le royaume, parmi tous les sujets du roi ; puis, en un autre temps, ce jour anniversaire est prétexte,

d dans l'Asie tout entière, à des sacrifices solennels et à des fêtes. Alors que nous, Alcibiade, nous pouvons naître, les voisins eux-mêmes, comme le dit le poète comique, ne s'en aperçoivent guère ! Après quoi, l'enfant est formé, non point par une banale nourrice, mais par des eunuques de l'entourage du roi, de ceux qui passent pour être des plus remarquables, et auxquels il est formellement recommandé de prendre soin de lui, de tout combiner avec adresse pour que l'enfant devienne très beau, en modelant ses membres enfantins et en les redressant ; cette charge leur vaut une grande considération.

e Quand les enfants atteignent leur septième année, on les met à cheval et ils fréquentent l'école d'équitation ; ils commencent alors la pratique de la chasse. Une fois âgés de deux fois sept ans, ils sont confiés à ceux qu'on appelle, là-bas, les pédagogues royaux ; ce sont quatre hommes de Perse dans la force de l'âge qui sont choisis pour leur extrême réputation de mérite : celui-ci passe pour le plus savant, celui-là passe pour le plus juste, cet autre passe pour le plus tempérant, cet autre enfin, pour le plus
122 vaillant. Le premier enseigne la science des mages, celle de Zoroastre (36), fils d'Oromazès, — c'est-à-dire le culte des dieux ; il enseigne aussi les devoirs d'un roi. Le plus juste apprend à l'enfant à dire toute sa vie la vérité. Le plus tempérant à ne se laisser dominer par aucun plaisir, en sorte qu'il s'habitue à être libre et réellement roi, sachant maîtriser d'abord ses instincts, au lieu de s'en rendre esclave. Le plus vaillant fait de lui un être intrépide et sans peur dans la pensée que la crainte engendre l'esclavage (37).

b Quant à toi, Alcibiade, Périclès t'a donné pour pédagogue, celui de ses esclaves que son grand âge rendait le moins qualifié, Zôpyre le Thrace ! Je pourrais te décrire avec force détails l'éducation et l'instruction que l'on donne à tes adversaires supposés, si ce ne devait être une grande besogne et si ce que j'ai dit ne suffisait pas pour en faire voir les conséquences. Mais les circonstances de ta naissance, la manière d'être éduqué et instruit, Alcibiade, il n'y a, à vrai dire, personne qui s'en soucie, qu'il s'agisse de toi ou d'aucun autre Athénien, à moins que ce ne soit quelqu'un qui se trouve éprouver de l'amour à ton égard.
c Maintenant si tu préférais considérer les richesses, le luxe, les vêtements, les manteaux à traîne, les huiles parfumées, les nombreux cortèges de serviteurs et tous les raffinements de la vie des Perses, tu rougirais de ta condition, tant elle est loin de la leur. Si d'aventure, tu préférais considérer la tempérance et la décence des Lacédémoniens, leur aisance et leur bonne humeur, leur grandeur d'âme, leur discipline, leur bravoure, leur endurance, leur amour du labeur, des succès et de l'honneur, tu reconnaîtrais qu'en tout cela, tu n'es qu'un enfant.

d Même si tu accordes quelque estime à la richesse, si par là tu t'imagines

être un homme influent, ne cédons pas non plus ce point, pour tenter
de te faire évaluer ce que tu es. Dans cette perspective, si tu consens à
considérer les richesses des Lacédémoniens, tu t'apercevras que celles
de notre pays sont bien menues. En effet, ce qu'ils ont de propriétés
terriennes, chez eux autant qu'en Messénie, il n'y a personne ici qui
puisse leur en contester ni l'étendue ni la valeur ; ni non plus, le nombre
des esclaves notamment de hilotes (38) et des chevaux comme tout autre e
cheptel qui paît sur les pâturages de Messénie. Mais adieu à tout cela
que je négligerai ; en revanche, ce qu'il y a d'or et d'argent chez tous les
Grecs réunis n'égale pas ce qu'en possèdent les personnes privées à
Lacédémone ; c'est que depuis nombre de générations déjà, il en arrive
chez eux de toutes les cités grecques, et même souvent de chez les
barbares, et il n'en sort jamais : on peut leur appliquer sans artifice, la
parole du Renard au Lion dans la fable d'Ésope (39) : de l'argent qui 123
prend le chemin de Lacédémone, il y a traces visibles, mais nul ne
pourrait déceler celles de l'argent qui en sortirait ; de sorte que l'on doit
être assuré que les gens de ce pays sont, de tous les Grecs, les plus riches
en or et en argent et parmi eux, leur roi. Car sur ces matières, les plus
gros prélèvements et les plus fréquents se font au profit des rois et, au
surplus, il y a le « tribut royal » que lui servent les Lacédémoniens et qui
n'est pas maigrelet ! Et s'il est vrai que les richesses des Lacédémoniens b
sont grandes comparées à celles des Grecs, elles ne sont rien en
comparaison de la richesse des Perses et de celle de leur roi. J'ai entendu
un jour un homme digne de foi, un de ceux qui ont rendu visite à la cour
du Grand Roi, raconter qu'il avait traversé une contrée très grande et
très riche, sur une étendue d'un jour de marche environ, que ses
habitants appellent « la Ceinture de l'épouse du roi » ; il précisait qu'il y
en avait une autre appelée son « Voile », et beaucoup d'autres terres belles c
et fertiles attribuées à sa parure : chacune de ces terres portait le nom d'un
des éléments composant cette parure. De telle sorte qu'à mon sens, si
quelqu'un allait dire à Amestris, l'épouse de Xerxès et la mère du Roi :
« Voici un homme qui se met en tête d'entrer en lice avec ton fils : c'est
le fils de Dinomachè, une femme dont la parure vaut à la rigueur
cinquante mines (40), et possesseur lui-même, à Erchia, d'un domaine
qui ne mesure même pas trois cents pléthres », elle en serait fort surprise, d
ne comprenant pas sur quoi se fonde cet Alcibiade pour songer à entrer
en lutte avec Artaxerxès ; et je pense qu'elle dirait probablement : « Cet
homme-là ne peut fonder sa confiance pour une telle entreprise sur
aucune autre garantie que son application et ses connaissances, car les
Grecs ne possèdent pas d'autres valeurs dont ils puissent se prévaloir. »

Mais si on l'informait que cet Alcibiade forme actuellement ce dessein
avant d'avoir tout à fait vingt ans, qu'il est aussi en tout point dénué de

culture, qu'en outre, lorsque celui qui l'aime lui dit la nécessité de
e commencer par s'instruire, de se perfectionner, de s'exercer avant de
rivaliser avec le Grand Roi, il refuse et déclare qu'il est satisfait de son
état ; j'imagine qu'elle serait encore bien surprise et demanderait : « Sur
quoi donc repose l'assurance de ce tout jeune homme ? » Suppose que
nous lui répondions : « C'est sur sa beauté, sur sa taille, sur sa naissance,
sur sa richesse, son génie naturel ! », elle penserait, Alcibiade, que nous
sommes devenus fous, quand ses regards se seraient portés sur tous ces
124 avantages comparés à ceux dont on jouit en son pays. De même, je pense
bien que Lampidô, fille de Léotykhydès, femme d'Archidamas et mère
d'Agis qui tous ont été rois de Lacédémone, serait fort étonnée, elle aussi,
quand ses regards se porteraient sur tous les avantages dont disposent
les siens, que tu aies en tête de rivaliser avec son fils, mal élevé comme
tu l'as été. En vérité, ne te semble-t-il pas humiliant de penser que les
femmes de nos ennemis nous évaluent mieux que nous ne le faisons nous-
mêmes, et sachent mieux que nous-mêmes ce que nous devrions être
pour entreprendre de leur faire la guerre ?

L'horizon du politique est constitué par une certaine idée de l'homme, de son excellence et sa tâche dans la Cité est l'accomplissement de la justice.

b Allons, bienheureux jeune homme, crois-m'en et crois-en ces mots
inscrits à Delphes : « Connais-toi toi-même ». Car les ennemis que tu auras
à combattre sont tels que je te les représente et non pas tels que tu te
les imagines ; adversaires sur lesquels nous ne pouvons l'emporter que
par l'application et la compétence ; si tu laisses échapper ces qualités,
tu laisseras échapper la gloire chez les Grecs et chez les Barbares, la gloire
que tu me sembles aimer plus que personne n'a jamais rien aimé.

ALCIBIADE : Quelle est donc, Socrate, cette application à laquelle il est nécessaire de se consacrer ? Peux-tu me l'expliquer ? Il y a dans tes réflexions un accent de vérité à nul autre pareil.

c SOCRATE : Oui, je le puis ; mais c'est ensemble que nous devons chercher
la manière de nous rendre les meilleurs possible. En effet, si je dis de
toi que tu as besoin d'être éduqué, je le dis également de moi ; il n'y a
qu'un point par lequel je diffère de toi.

ALCIBIADE : Lequel ?

SOCRATE : C'est que mon tuteur est meilleur et plus sage que Périclès qui est le tien.

ALCIBIADE : Qui est-ce, Socrate ?

SOCRATE : C'est un dieu, Alcibiade, celui-là même qui ne me permettait pas jusqu'à ce jour de nouer le dialogue avec toi ; la confiance que j'ai en lui me fait dire que c'est par moi seulement qu'il se révélera à toi (41).

ALCIBIADE : Tu badines, Socrate. d

SOCRATE : Il se peut. Ce qui est sûr, c'est que je dis vrai en spécifiant que nous avons besoin d'application, ou bien que tous les hommes en ont besoin, mais nous deux à un degré tout à fait éminent.

ALCIBIADE : Pour ce qui est de moi, tu ne te leurres pas.

SOCRATE : Ni, non plus, pour ce qui est de moi.

ALCIBIADE : Dans cette perspective, que pourrions-nous faire ?

SOCRATE : Ne pas renoncer, ni mollir, cher ami.

ALCIBIADE : Assurément, Socrate, cela ne convient pas.

SOCRATE : Non, en effet, il convient au contraire, de réfléchir ensemble.
Mais dis-moi nous affirmons bien que nous voulons devenir les meilleurs e
possible ; d'accord ?

ALCIBIADE : D'accord.

SOCRATE : De quelle vertu s'agit-il, s'il te plaît ?

ALCIBIADE : A l'évidence, de celle qui fait des hommes de valeur.

SOCRATE : De valeur en quoi ?

ALCIBIADE : En la conduite de leurs affaires, c'est clair.

SOCRATE : Quelles affaires ? Sont-ce des affaires de cavalerie ?

ALCIBIADE : Oh ! non.

SOCRATE : Car alors, nous nous adresserions à d'habiles cavaliers.

ALCIBIADE : Bien sûr.

SOCRATE : Est-ce des affaires de marine dont tu veux parler ?

ALCIBIADE : Non point.

SOCRATE : Car ce sont des marins que nous irions trouver.

ALCIBIADE : Assurément.

SOCRATE : Quelles affaires enfin ? Quels sont ceux qui les pratiquent ?

ALCIBIADE : Les Athéniens séduisants et généreux (42).

SOCRATE : Qui appelles-tu séduisants et généreux, les hommes intelli- 125
gents ou les imbéciles (43) ?

ALCIBIADE : Les hommes intelligents.

SOCRATE : Alors chaque homme a de la valeur dans la mesure où il est intelligent ?

ALCIBIADE : Oui.

SOCRATE : Et l'homme inintelligent ne vaut rien ?

ALCIBIADE : Sans aucun doute.

SOCRATE : Or le cordonnier est intelligent pour la confection des chaussures ?

ALCIBIADE : Absolument.

SOCRATE : Il a de la valeur à cet égard ?

ALCIBIADE : Il a de la valeur.

SOCRATE : Mais quoi ? Pour confectionner des vêtements le cordonnier n'est-il pas inintelligent ?

ALCIBIADE : Si.

b SOCRATE : Ainsi pour cette tâche, il n'a pas de valeur ?

ALCIBIADE : Non.

SOCRATE : Le même homme est donc, au terme de ce discours, mauvais et bon tout ensemble ?

ALCIBIADE : Apparemment.

SOCRATE : Dis-tu néanmoins que les hommes de valeur ne valent rien ?

ALCIBIADE : Certainement non.

SOCRATE : Mais alors quels sont ceux que tu appelles hommes de valeur ?

ALCIBIADE : J'appelle ainsi ceux qui sont capables de commander dans la Cité.

SOCRATE : Pas aux chevaux, j'imagine.

ALCIBIADE : Certainement non.

SOCRATE : Alors aux hommes ?

ALCIBIADE : Oui.

SOCRATE : Aux hommes malades ?

ALCIBIADE : Que non.

SOCRATE : Est-ce alors à ceux qui naviguent ?

ALCIBIADE : Ce n'est pas d'eux dont je parle.

SOCRATE : Mais aux moissonneurs ?

ALCIBIADE : Non.

c SOCRATE : Alors, est-ce à ceux qui ne font rien ? ou à ceux qui œuvrent en quelque domaine ?

ALCIBIADE : Je parle de ceux qui œuvrent.

SOCRATE : En quoi ? Essaie de m'élucider ta pensée.

ALCIBIADE : Eh bien, je pense et à ceux qui concluent des contrats et à ceux qui ont affaire à d'autres hommes, comme cela se passe dans notre vie en société.

SOCRATE : Ainsi donc, tu parles de commander à des hommes qui ont affaire à d'autres hommes ?

ALCIBIADE : Oui.

SOCRATE : Est-ce à des céleustes (44) qui ont affaire à des rameurs ?

ALCIBIADE : Certainement non.

SOCRATE : En effet, cette valeur-là est du domaine de l'art du pilote.

ALCIBIADE : Oui.

d SOCRATE : Peut-être parles-tu de commander à des joueurs de flûte qui dirigent des chanteurs et emploient des danseurs (45) ?

ALCIBIADE : Certainement non.

SOCRATE : En effet, cette fois, il s'agit d'une valeur qui recoupe l'art du maître de chœur.
ALCIBIADE : Justement.
SOCRATE : Mais que veux-tu signifier enfin, lorsque tu parles d'être capable de commander à des hommes qui ont affaire à d'autres hommes ?
ALCIBIADE : Je parle, pour ma part, d'hommes qui forment une communauté politique et que lient des contrats mutuels : tels sont ceux auxquels il s'agit de commander dans la Cité.
SOCRATE : Eh bien, quel est l'art qui apprend à les gouverner ? C'est comme si je te demandais à nouveau, reprenant mon exemple de tout à l'heure, quel est l'art qui rend un homme capable de commander à ceux qui participent à la conduite d'un navire ?
ALCIBIADE : C'est l'art du pilote.
SOCRATE : Et pour la communauté unissant les chanteurs, dont nous e
parlions il y a peu, quelle est la science qui apprend à les commander ?
ALCIBIADE : Celle que tu viens de nommer à l'instant, la science du maître de chœur.
SOCRATE : Soit. Comment nommes-tu la science relative aux communautés politiques ?
ALCIBIADE : Je la nomme la science du bon conseil, Socrate.
SOCRATE : Bien. La science des pilotes te paraît-elle dénuée de bon conseil ?
ALCIBIADE : Certainement non.
SOCRATE : Au contraire, elle est une science du bon conseil ?
ALCIBIADE : Il me le semble, du moins pour assurer la sécurité de ceux 126
qui sont à bord.
SOCRATE : Tu parles à merveille. Mais au fait, ce bon conseil dont tu parles, quelle est sa finalité ?
ALCIBIADE : Elle est d'assurer une meilleure administration et le salut de la Cité.
SOCRATE : Or quelle est la chose dont la présence ou l'absence fait que la Cité est mieux administrée et qu'elle est sauvegardée ? C'est comme si tu venais à me demander : « Qu'est-ce qui doit être et n'être point dans un corps pour qu'il soit sain et sa santé sauvegardée ? », je te répondrais que ce qui doit y être, c'est la santé et que ce qui doit n'y être pas, c'est la maladie. Ne penses-tu pas que la réalité soit telle ?
ALCIBIADE : C'est pertinemment dit. b
SOCRATE : Et si tu me demandais encore : « Quelle est la chose dont la présence fait que mes yeux sont dans le meilleur état ? », je te dirais de même : « Quand la vision y est et que la cécité n'y est pas. » Pour les oreilles aussi quand il n'y a aucune surdité et qu'elles ont tout ce qu'il faut pour bien entendre, elles se trouvent dans la meilleure condition et se maintiennent dans le meilleur état.

ALCIBIADE : Cela est juste.

SOCRATE : Et une Cité par exemple. Quelle est la chose dont la présence ou l'absence fait qu'elle est en meilleure condition, qu'elle se maintient bien et qu'elle est mieux administrée ?

c ALCIBIADE : Il me semble, Socrate, que cela se réalise, quand est présente l'amitié liant les citoyens entre eux, tandis que la haine et l'esprit partisan en sont absents.

SOCRATE : Eh bien ! ce que tu appelles amitié, est-ce concorde ou discorde ?

ALCIBIADE : Concorde.

SOCRATE : Dis-moi, quel est l'art permettant aux Cités d'être d'accord sur les nombres ?

ALCIBIADE : C'est l'arithmétique.

SOCRATE : Et pour les simples particuliers, n'est-ce pas aussi le même art ?

ALCIBIADE : Certes.

SOCRATE : Et c'est aussi par la médiation de cet art que chacun est d'accord avec lui-même ?

ALCIBIADE : Sans difficulté.

SOCRATE : Et par la médiation de quel art, chacun est-il d'accord avec
d lui-même sur la longueur relative de l'empan et de la coudée (46) ? N'est-ce pas par le truchement de l'art de mesurer ?

ALCIBIADE : Sans doute.

SOCRATE : Et n'est-ce pas lui aussi qui assure l'accord des particuliers entre eux et des Cités ?

ALCIBIADE : Oui.

SOCRATE : Et en matière de poids, n'en est-il pas de même ?

ALCIBIADE : Oui.

SOCRATE : Alors quelle est-elle, cette concorde dont tu parles ? En quoi consiste-t-elle ? Quel en est l'objet ? Quel est l'art qui l'établit ? Et cet art même convient-il pour la Cité, et aussi pour le simple particulier considéré en tant que personne et dans ses relations avec les autres ?

ALCIBIADE : C'est vraisemblable.

e SOCRATE : Quel est-il donc ? Ne te lasse pas de me répondre, au contraire mets toute ton ardeur à m'expliquer.

ALCIBIADE : Je pense quant à moi que ce sont l'amitié et la concorde dont je parle qui font qu'un père et une mère qui aiment leur fils s'accordent avec lui, le frère avec son frère, la femme avec son mari.

SOCRATE : Croirais-tu donc, Alcibiade, qu'il soit possible qu'un mari s'accorde avec sa femme sur la manière de filer la laine, lui qui ne sait pas avec elle, qui sait ?

ALCIBIADE : Certainement non.

SOCRATE : Et cela n'est nullement nécessaire, car il s'agit là d'un savoir-faire tout féminin.

ALCIBIADE : Bien sûr.

SOCRATE : Bon. La femme pourrait-elle s'accorder avec son mari sur les 127
exercices de l'hoplite (47), elle qui n'en est point instruite ?

ALCIBIADE : Certainement pas.

SOCRATE : Tu pourrais probablement me dire qu'il s'agit là d'un travail tout masculin ?

ALCIBIADE : Parfaitement.

SOCRATE : Il y a donc, d'après ce que tu dis, des savoir-faire propres à la femme et d'autres propres à l'homme ?

ALCIBIADE : Comment le nier ?

SOCRATE : Ainsi donc, ce n'est pas là-dedans que réside la concorde des femmes avec leur mari.

ALCIBIADE : Non.

SOCRATE : Ni l'amitié, par conséquent, si c'est l'amitié qui fonde la concorde.

ALCIBIADE : Apparemment, non.

SOCRATE : Alors ce n'est pas dans la mesure où les femmes font œuvres féminines, qu'elles sont aimées de leur mari ?

ALCIBIADE : Il semble que non. b

SOCRATE : Ni, non plus, les hommes en tant qu'ils font œuvres masculines ?

ALCIBIADE : Non.

SOCRATE : Dès lors les Cités ne sont pas bien administrées, quand chacun œuvre dans le domaine qui lui est propre (48) ?

ALCIBIADE : Moi du moins, je le pense Socrate.

SOCRATE : Comment parles-tu ? Une Cité ira bien sans l'existence de l'amitié, dont nous disions que la présence fait que les Cités sont bien administrées alors qu'autrement elles ne peuvent l'être ?

ALCIBIADE : Il me semble cependant que même selon cette perspective,
il existera en eux de l'amitié parce que chacun œuvrera dans le domaine c
qui lui est propre.

SOCRATE : Tu n'étais pas de cet avis, il n'y a qu'un instant : mais à présent que dis-tu ? Que sans la concorde, l'amitié est toutefois présente ? Ou bien que la concorde peut s'établir sur des questions que les uns connaissent et non les autres ?

ALCIBIADE : C'est impossible.

SOCRATE : Cependant est-ce une conduite juste ou une conduite injuste que l'on a, lorsque chacun œuvre selon sa compétence ?

ALCIBIADE : Une conduite juste, incontestablement.

SOCRATE : Mais, lorsque dans une Cité les citoyens se conduisent d'une manière juste, une amitié mutuelle ne naît-elle pas (49) ?

ALCIBIADE : Cette fois encore, Socrate, la conséquence me paraît nécessaire.

d SOCRATE : Alors qu'entends-tu, en définitive, par cette amitié ou concorde, au sujet de laquelle nous devons être sages aussi bien que de bon conseil pour être des hommes de valeur ? Je n'arrive pas, en effet, à comprendre ni ce qu'elle est, ni en qui elle réside ; car selon ton propre discours, tantôt elle apparaît présente chez les mêmes personnes, tantôt non !

ALCIBIADE : Par tous les dieux, Socrate, je ne sais plus moi-même ce que je veux dire et le risque est grand que depuis longtemps, je sois, sans m'en apercevoir, dans un bien méprisable état.

Si l'art du politique exclut l'ignorance, il est bon de commencer par se connaître soi-même.

SOCRATE : Allons, il faut être résolu. Car si tu t'étais aperçu de ton état
e à l'âge de cinquante ans, il te serait difficile d'avoir souci de toi-même ;
au lieu que tu es précisément à l'âge où il faut s'en apercevoir.

ALCIBIADE : Mais une fois qu'on s'en est aperçu, que faut-il faire, Socrate ?

SOCRATE : Répondre aux questions posées, Alcibiade. Si tu accomplis cette démarche et si Dieu le veut, et si je dois m'en fier à mes dons divinatoires, toi et moi nous nous en trouverons mieux.

ALCIBIADE : Il en sera ainsi, si je n'ai qu'à te répondre.

SOCRATE : Eh bien ! voyons donc. Qu'est-ce que c'est, que d'avoir le souci
de soi-même ? De peur que par hasard et à notre insu, nous n'ayons pas
128 souci de nous-mêmes, bien que nous l'imaginions — quand donc un
homme le fait-il ? Quand il a le souci des choses qui sont personnellement
les siennes, n'est-ce pas alors qu'il a souci de lui-même ?

ALCIBIADE : Certes, cela me paraît plausible.

SOCRATE : Voyons : quand un homme est-il soucieux de ses pieds ? Est-ce quand il est soucieux de tout ce qui s'y rapporte ?

ALCIBIADE : Je ne comprends pas.

SOCRATE : Il y a bien quelque objet qui signifie pour toi une relation à la main ? Par exemple, une bague pour quelle partie du corps humain est-elle faite, sinon pour le doigt ?

ALCIBIADE : Sans doute.

SOCRATE : De même dans le cas de la chaussure, n'est-elle pas pour le pied ?

ALCIBIADE : Si.

SOCRATE : Et de même pour le reste du corps, les vêtements et les couvertures ?

b ALCIBIADE : Oui.

SOCRATE : Or, lorsque nous sommes soucieux de nos chaussures, n'avons-nous pas alors souci de nos pieds ?

ALCIBIADE : Je ne comprends que d'une manière très approximative, Socrate.

SOCRATE : Eh quoi ? Alcibiade, le fait d'avoir judicieusement souci d'une chose quelconque, tu lui donnes bien un nom ?

ALCIBIADE : Bien sûr.

SOCRATE : Mais n'est-ce pas quand on rend une chose meilleure que tu dis qu'on en a alors judicieusement souci ?

ALCIBIADE : Si.

SOCRATE : Or quel est l'art qui améliore les chaussures ?

ALCIBIADE : L'art du cordonnier.

SOCRATE : C'est donc par l'intermédiaire de l'art du cordonnier que nous avons souci de notre chaussure ?

ALCIBIADE : Oui. c

SOCRATE : Et de nos pieds est-ce aussi par cet art ? Ou plutôt par celui qui rend nos pieds plus agiles ?

ALCIBIADE : Par celui-là.

SOCRATE : Or, n'améliore-t-on pas ses pieds grâce à l'art qui améliore le reste du corps ?

ALCIBIADE : Il me semble que si.

SOCRATE : Et cet art n'est-il pas la gymnastique ?

ALCIBIADE : Très précisément.

SOCRATE : C'est donc bien d'abord par la gymnastique que nous prenons soin de nos pieds, et ensuite par l'art du cordonnier de ce qui est à l'usage de nos pieds ?

ALCIBIADE : Cela ne fait aucun doute.

SOCRATE : Et c'est par la gymnastique que nous prenons soin de nos mains ; par l'art du ciseleur de bagues, de ce qui est à l'usage de nos mains ?

ALCIBIADE : Oui.

SOCRATE : Et par la gymnastique d'abord de notre corps, et après par le tissage et les autres arts analogues, de ce qui est à l'usage de notre corps ?

ALCIBIADE : Cela est vrai, en tout points. d

SOCRATE : Par conséquent, c'est par un art que nous prenons soin d'un objet déterminé, par un autre art, de ce qui se rapporte à cet objet.

ALCIBIADE : A l'évidence.

SOCRATE : Concluons donc que ce n'est pas quand on a souci de ce qui est à soi, que l'on a le souci de soi-même (50).

ALCIBIADE : Nullement, en effet.

SOCRATE : En effet, ce n'est pas le même art, comme il est apparu, qui nous servirait à prendre soin de nous-mêmes et de ce qui se rapporte à nous.

ALCIBIADE : Non, évidemment.

SOCRATE : Voyons, à présent. Par la médiation de quel art pourrions-nous bien prendre soin de nous-mêmes ?

ALCIBIADE : Je ne saurais guère le dire.

e SOCRATE : Pourtant nous sommes d'accord sur ceci du moins, que ce n'est point par l'art qui nous permettrait d'améliorer n'importe laquelle de nos propres affaires, mais bien par celui qui nous améliorerait nous-mêmes.

ALCIBIADE : Tu dis vrai.

SOCRATE : Or, sans connaître la chaussure, aurions-nous jamais su quel art est propre à l'améliorer ?

ALCIBIADE : Impossible.

SOCRATE : Et sans connaître la bague, l'art qui est propre à améliorer les bagues ?

ALCIBIADE : Non, vraiment.

SOCRATE : Alors, l'art qui nous améliore nous-mêmes, pourrions-nous le connaître, si nous ignorions ce que nous sommes nous-mêmes (51) ?

129 ALCIBIADE : Ce serait impossible.

SOCRATE : Mais est-ce seulement chose facile que de se connaître soi-même ? Au surplus était-ce un être insignifiant qui a mis ce précepte au sanctuaire d'Apollon Pythien ? Ou bien est-ce une tâche ardue et qui n'est pas à la portée de tous ?

ALCIBIADE : Pour moi, Socrate, j'ai cru souvent qu'elle était à la portée de tous, mais quelquefois qu'elle était ardue à l'extrême.

SOCRATE : Qu'elle soit ardue ou non, Alcibiade, il n'est pas moins vrai que nous sommes en présence de ce fait : en nous connaissant nous pourrions sans doute connaître la manière de prendre soin de nous-mêmes ; sans cela nous ne le pourrons jamais.

ALCIBIADE : C'est exact.

« Se connaître soi-même ». Une problématique de la réduction. Le fond essentiel de l'homme : son âme.

b SOCRATE : Voyons, à présent, de quelle façon pourrait être découvert ce « soi-même essentiel (52) » ? Car si nous le connaissions, nous découvririons peut-être par là ce que nous sommes, tandis que si nous restons dans l'ignorance, nous ne le pourrons guère.

ALCIBIADE : Tu parles avec pertinence.

SOCRATE : Au nom de Zeus prends garde. Avec qui noues-tu le dialogue en ce moment ? N'est-ce pas avec moi ?

ALCIBIADE : Oui.

SOCRATE : Et moi avec toi ?

ALCIBIADE : Oui.

SOCRATE : C'est donc Socrate qui parle ?

ALCIBIADE : Certainement.

SOCRATE : Et Alcibiade qui écoute ?

ALCIBIADE : Oui.

SOCRATE : Mais n'est-ce pas par la médiation de la parole que parle Socrate ?

ALCIBIADE : Sans doute. c

SOCRATE : Or, parler et se servir de la médiation de la parole, c'est la même chose, je suppose ?

ALCIBIADE : Absolument.

SOCRATE : Or, celui qui se sert d'une chose et la chose dont il se sert ne diffèrent-ils pas ?

ALCIBIADE : Que veux-tu dire ?

SOCRATE : Par exemple, le cordonnier taille son cuir avec le tranchet, le poinçon et autres outils ?

ALCIBIADE : Oui.

SOCRATE : Eh bien, celui qui taille et se sert d'outils ne diffère-t-il pas des outils dont il se sert pour tailler ?

ALCIBIADE : Comment n'en serait-il pas ainsi ?

SOCRATE : De même encore les instruments dont se sert le cithariste pour jouer, et le cithariste lui-même, ne diffèrent-ils pas entre eux ?

ALCIBIADE : Si.

SOCRATE : Eh bien, c'est justement cette précision que je te demandais d
à l'instant, s'il est apparent que celui qui se sert d'une chose et la chose dont il se sert sont toujours différents.

ALCIBIADE : Il semble bien.

SOCRATE : Or que convient-il de dire du cordonnier ? Taille-t-il son cuir avec des outils exclusivement ou bien aussi avec ses mains ?

ALCIBIADE : Avec ses mains également.

SOCRATE : Il se sert donc aussi de ses mains ?

ALCIBIADE : Oui.

SOCRATE : Et ne se sert-il pas aussi de ses yeux lorsqu'il exerce son art ?

ALCIBIADE : Oui.

SOCRATE : Or, n'admettons-nous pas que celui qui se sert d'instruments ne se confond pas avec les instruments dont il se sert ?

ALCIBIADE : Oui, certes.

SOCRATE : Donc, cordonnier et cithariste sont distincts de leurs mains et de leurs yeux avec lesquels ils exercent leurs arts respectifs ?

ALCIBIADE : A l'évidence. e

SOCRATE : Dis-moi maintenant : l'homme ne se sert-il pas de son corps tout entier ?
ALCIBIADE : Absolument.
SOCRATE : Et nous avons établi que, qui se sert d'une chose est différent de la chose dont il se sert.
ALCIBIADE : Oui.
SOCRATE : Ainsi donc, l'homme est distinct de son corps ?
ALCIBIADE : Il semble bien.
SOCRATE : ⌊Qu'est-ce donc que l'homme⌋ (53) ?
ALCIBIADE : Je ne saurais guère le dire.
SOCRATE : Tu sais, du moins, qu'il est ce qui se sert du corps ?
ALCIBIADE : Oui.
130 SOCRATE : Or qui d'autre s'en sert, sinon l'âme ?
ALCIBIADE : Elle seule, et rien qu'elle.
SOCRATE : Mais n'est-ce pas en le commandant ?
ALCIBIADE : Si.

La démonstration socratique par la méthode de réduction : l'homme, c'est son âme.

SOCRATE : Voici encore un point où, à mon avis, nos opinions ne divergeraient pas.
ALCIBIADE : Lequel ?
SOCRATE : Ne peut-on concevoir trois êtres, dont l'un est l'homme ?
ALCIBIADE : Quels êtres ?
SOCRATE : Ame, corps, ou le tout qui est composé de leur union.
ALCIBIADE : Sans aucun doute.
SOCRATE : Mais ne venons-nous pas d'admettre que l'homme est réellement celui qui commande au corps ?
b ALCIBIADE : Oui, nous l'avons admis.
SOCRATE : Or, est-ce le corps qui se commande à lui-même ?
ALCIBIADE : Nullement.
SOCRATE : C'est lui, avons-nous dit en effet, qui est commandé.
ALCIBIADE : Oui.
SOCRATE : Le corps ne serait donc pas ce que nous cherchons.
ALCIBIADE : Apparemment, non.
SOCRATE : Mais alors ce serait le composé, corps et âme, qui commande au corps et ce composé est-il l'homme ?
ALCIBIADE : C'est très vraisemblable.

SOCRATE : Rien de moins vrai cependant : car si l'un des deux composants ne participe pas au commandement, il est impossible que ce soit le composé des deux qui l'exerce.
ALCIBIADE : C'est juste.
SOCRATE : Or, puisque ce n'est ni le corps, ni le composé des deux qui c
est l'homme, il reste je crois, qu'il n'est rien, ou bien, s'il est quelque chose, que l'homme ne soit rien d'autre qu'une âme.
ALCIBIADE : Parfaitement.
SOCRATE : Mais faut-il te montrer avec plus de clarté encore que c'est l'âme qui est l'homme ?
ALCIBIADE : Non, par Zeus, il semble au contraire, que tu me l'as vigoureusement montré.
SOCRATE : Si d'aventure, je ne l'ai pas montré rigoureusement, mais d'une manière satisfaisante, nous nous en contenterons. Car nous serons rigoureux, quand nous aurons trouvé ce que nous avons à présent laissé
de côté, comme exigeant beaucoup de contention d'esprit. d
ALCIBIADE : Qu'est-ce donc ?
SOCRATE : De ce qui a été dit tout à l'heure à peu près en ces termes : qu'il fallait rechercher d'abord ce soi-même essentiel. Or, au lieu de ce fond immuable de soi-même, envisagé en soi, nous avons réfléchi sur ce qu'était chacun de nous en son essence, et peut-être cela suffira-t-il. Car ne pourrions-nous affirmer qu'il n'y a rien en nous-mêmes qui soit davantage principe que l'âme ?
ALCIBIADE : Rien, certainement.
SOCRATE : Dans ces conditions, n'est-il pas juste de penser qu'en nous entretenant ensemble, toi et moi, et usant du discours, nous nous parlons d'âme à âme.
ALCIBIADE : Absolument.
SOCRATE : C'est cela que nous disions, il n'y a qu'un petit moment, que e
Socrate nouant le dialogue avec Alcibiade en usant du discours, n'adresse apparemment pas ses thèses à son visage, mais à Alcibiade, c'est-à-dire à son âme.
ALCIBIADE : Il me le semble aussi.
SOCRATE : Celui qui ordonne de se connaître soi-même, nous conseille donc de connaître notre âme ?
ALCIBIADE : Il le semble. 131
SOCRATE : Ainsi, qui connaît quelque partie de son corps, connaît ce qui est à lui, mais non ce qu'est lui.
ALCIBIADE : C'est exact.
SOCRATE : Donc, aucun médecin pour autant qu'il est médecin ne se connaît lui-même, ni aucun maître de gymnase, pour autant qu'il est maître de gymnase.

ALCIBIADE : Cela n'est pas plausible.

SOCRATE : A plus forte raison, s'en faut-il de beaucoup que les agriculteurs et les autres artisans se connaissent eux-mêmes ; en effet, ces gens-là ne possèdent même pas l'entendement de tout ce qui les concerne ; mais ils sont encore plus éloignés, de par l'art qu'ils exercent, de connaître
b ce qui leur est propre, car ce qu'ils connaissent ce sont les réalités qui ont trait au corps, celles qui concourent à son entretien.

ALCIBIADE : Tout cela est très vrai.

SOCRATE : Dès lors, si la sagesse consiste à se connaître soi-même, aucun d'eux n'est sage au titre de son art.

ALCIBIADE : Il me semble que non.

SOCRATE : Pour ces raisons, leurs arts sont tenus pour être des arts d'ouvrier et non des objets de science pour un homme de valeur.

ALCIBIADE : C'est très juste.

SOCRATE : Ainsi, pour en revenir à nos principes, celui qui prend soin de son corps a souci de ce qui est à lui, mais non de lui-même.

ALCIBIADE : J'en tombe d'accord.

SOCRATE : Et qui prend soin de sa fortune ne prend soin ni de lui-même, ni de ce qui est à lui, mais bien de ce qui est très éloigné d'être sien.

c ALCIBIADE : Je le crois également.

SOCRATE : L'homme d'affaires, par conséquent, ne traite pas, à dire vrai, ses propres affaires.

ALCIBIADE : Exactement.

SOCRATE : Si donc quelqu'un a été amoureux du corps d'Alcibiade, ce n'était pas Alcibiade dont il était épris, mais d'une des choses qui appartiennent à Alcibiade.

ALCIBIADE : Tu dis vrai.

SOCRATE : Mais celui qui t'aime est celui qui aime ton âme.

ALCIBIADE : Cela paraît nécessaire, et inféré de notre thèse.

SOCRATE : Aussi celui qui aime ton corps, lorsque ce corps a perdu l'éclat de la jeunesse, s'éloigne-t-il et te quitte (54).

ALCIBIADE : Apparemment.

d SOCRATE : Mais celui qui aime ton âme ne s'en ira pas, tant qu'elle pourra encore s'acheminer vers une condition meilleure.

ALCIBIADE : C'est plausible.

SOCRATE : Eh bien, je suis, moi, celui qui ne s'en va pas, mais au contraire demeure quand le corps a perdu son éclat et que tous les autres s'en sont allés !

ALCIBIADE : Tu agis bien, Socrate : puisses-tu ne pas me quitter !

SOCRATE : Mets donc toute ton ardeur à être, en esprit, le plus beau possible.

ALCIBIADE : Mais oui, je m'y efforcerai vivement.

SOCRATE : Voilà bien où tu en es : il n'y a eu, semble-t-il, et il n'y a pas e
d'autre amoureux d'Alcibiade, le fils de Clinias, si ce n'est un seul homme qui est, lui, digne d'être aimé ; c'est Socrate, le fils de Sophronisque et de Phénarète.

ALCIBIADE : En vérité.

SOCRATE : Mais ne disais-tu pas que je t'avais devancé de peu en t'abordant, puisque tu avais dessein de me parler et de me demander pourquoi j'étais le seul à ne pas m'éloigner de toi ?

ALCIBIADE : Tel était bien mon projet.

SOCRATE : Eh bien, la raison, c'est que j'étais seul à aimer ton être, alors
que les autres aimaient ton avoir. Or, cet avoir, la beauté commence à
passer, tandis que toi, dans ton être, tu commences à fleurir. Et désormais 132
si tu ne te laisses pas gâter par le peuple Athénien, et si rien ne te rend moralement déplaisant, je ne t'abandonnerai pas. Car, ce que je crains le plus, vois-tu, c'est que, devenu amoureux du peuple, tu ne te perdes : c'est ce qui est déjà advenu pour nombre d'hommes de valeur parmi les Athéniens. En effet, « *le peuple d'Érechtée au cœur généreux* » (55) a belle présentation : mais il faut le contempler quand il est dévêtu. Prends donc les précautions que je te conseille.

ALCIBIADE : Lesquelles ?

SOCRATE : Exerce-toi d'abord, bienheureux jeune homme et apprend ce b
qu'il faut avoir appris pour se mêler de politique. Ne le fais pas avant, afin d'y aller bien pourvu d'antidotes et de pouvoir t'exposer aux dangers sans rien craindre.

La connaissance de soi est connaissance de son essentialité divine dans l'acte de connaître et celui de penser.

ALCIBIADE : A mon sens, tu parles d'or, Socrate. Mais essaie de m'expliquer de quelle manière nous pourrions bien prendre soin de nous-mêmes.

SOCRATE : Sans doute avons-nous pris une certaine avance : sur ce que nous sommes, nous nous sommes entendus convenablement (56). Nous craignions cependant que, faute de le savoir, nous ne vacillions, en prenant souci, sans nous en douter, de quelque autre chose qui ne serait pas essentiellement nous.

ALCIBIADE : C'est exact.

SOCRATE : Et il s'ensuit que c'est de l'âme qu'il faut avoir souci (57) et c
que telle est la fin que l'on doit se proposer.

ALCIBIADE : C'est clair.

SOCRATE : Quant aux soins du corps et des affaires d'argent, c'est à d'autres qu'il faut s'en remettre.

ALCIBIADE : Cela va de soi.

SOCRATE : De quelle manière pourrions-nous connaître très lucidement ce « soi-même essentiel (58) » ? Il apparaît que si nous le savions, nous nous connaîtrions aussi nous-mêmes. Mais par les dieux, l'heureuse parole de l'inscription delphique que nous rappelions à l'instant, ne l'entendons-nous pas ?

ALCIBIADE : Ce disant, quelle est ton idée de derrière la tête, Socrate ?

d SOCRATE : Je vais t'expliquer ce que je soupçonne de la signification de cette inscription et le conseil qu'elle nous donne. Il n'est guère possible de te le faire entendre par d'autre exemple que celui-ci, qui est tiré de la vision (59).

ALCIBIADE : Que veux-tu dire par là ?

SOCRATE : Examine-le toi-même. Si c'était à notre regard, comme à un homme, que l'inscription s'adressât en lui donnant ce conseil : « Regarde-toi toi-même » ; comment comprendrions-nous le sens de cet avis ? Ne serait-ce pas destiner l'œil à porter son regard sur un objet dans lequel il se verrait lui-même (60) ?

ALCIBIADE : C'est clair.

SOCRATE : Demandons donc quel est, parmi les objets, celui sur lequel il faut diriger notre regard pour voir en même temps cet objet et nous-
e mêmes ?

ALCIBIADE : A l'évidence, Socrate, un miroir ou un objet du même type ?

SOCRATE : C'est juste. Mais l'œil, moyen de notre vision, ne renferme-t-il pas quelque chose semblable à un miroir ?

ALCIBIADE : Absolument.

133 SOCRATE : Tu as sans doute remarqué, qu'en portant son regard sur l'œil de quelqu'un qui nous fait face, notre visage se réfléchit dans ce qu'on appelle aussi sa pupille, comme en un miroir ; celui qui porte ainsi son regard, y voit son image.

b ALCIBIADE : Tu dis vrai.

SOCRATE : Ainsi donc, un œil contemplant un autre œil et dirigeant son regard sur ce qu'il y a de meilleur en lui, c'est-à-dire vers cette pupille qui est le moyen de sa vision, peut ainsi se voir lui-même.

ALCIBIADE : Évidemment.

SOCRATE : Mais s'il venait à jeter son regard sur quelque autre partie du corps de l'homme, ou sur quelque autre objet, sauf celui auquel l'œil se trouve être semblable (61), il ne se verrait nullement lui-même.

ALCIBIADE : Tu dis vrai.

SOCRATE : Il en résulte que si l'œil veut se voir lui-même, c'est sur un œil qu'il doit porter son regard et sur cette partie de l'œil où se trouve résider sa capacité propre, c'est-à-dire, je pense, la vision (62) ?

ALCIBIADE : C'est bien cela.

SOCRATE : Eh bien, cher Alcibiade, l'âme à son tour, si elle veut se connaître elle-même, n'est-ce pas vers une âme qu'elle doit regarder et surtout vers cette partie de l'âme en laquelle réside la capacité propre d'une âme, la sagesse, ou encore vers telle autre partie qui lui est semblable (63) ?

ALCIBIADE : C'est bien mon sentiment, Socrate.

SOCRATE : Or, sommes-nous à même de dire qu'il y ait dans l'âme quelque c
réalité plus divine que celle qui se rattache à la connaissance et à la pensée (64) ?

ALCIBIADE : Nous n'en sommes pas capables.

SOCRATE : C'est donc au Divin que ressemble cette capacité de l'âme, et quand on jette le regard vers elle et que l'on reconnaît tout ce qu'elle a de divin, Dieu et la pensée (65), c'est alors qu'on est bien prêt de se connaître parfaitement soi-même.

ALCIBIADE : Sans aucun doute.

[SOCRATE : Sans doute, parce que, comme les miroirs sont plus clairs, plus purs et plus éclatants de lumière que le miroir de l'œil, de même Dieu se trouve être aussi plus pur et plus éclatant de lumière que ce qu'il y a de meilleur en notre âme.

ALCIBIADE : Il semble bien que oui, Socrate.

SOCRATE : C'est donc en dirigeant nos regards vers Dieu, que nous userions, selon la capacité de l'âme, du plus beau miroir des choses humaines ; et c'est ainsi que nous pourrions le mieux nous voir et nous connaître nous-mêmes.

ALCIBIADE : Oui] (66).

SOCRATE : Or se connaître soi-même, ne convenons-nous pas que c'est là ce qui constitue la sagesse (67) ?

ALCIBIADE : Parfaitement.

Retour à la problématique du politique : un homme d'État doit d'abord posséder la sagesse, la vertu et connaître la justice.

SOCRATE : Dès lors, si nous ne nous connaissons pas nous-mêmes et si nous ne sommes pas sages, pourrions-nous connaître ce qui nous est propre, mauvais ou bon ?

ALCIBIADE : Comment pourrions-nous le connaître, Socrate ?

d SOCRATE : Car il t'apparaît également comme une impossibilité que, faute de connaître Alcibiade, on sache si ce qui est à Alcibiade est bien à lui.

ALCIBIADE : Par Zeus, cela est évidemment impossible.

SOCRATE : Pas davantage, si ce qui nous est propre est bien nôtre, si nous ne nous connaissons pas nous-mêmes.

ALCIBIADE : Comment cela se pourrait-il, en effet ?

SOCRATE : Et si nous ne connaissons pas ce qui nous est propre, nous ne connaîtrons pas non plus ce qui en dépend ?

ALCIBIADE : Non, à l'évidence.

SOCRATE : Ainsi notre accord n'était-il pas tout à fait justifié, lorsque tout à l'heure nous avons confessé qu'il y avait des hommes qui ne se connaissent pas eux-mêmes, mais qui connaissent ce qui est dans leur sphère d'appartenance et d'autres qui connaissent ce qui dépend de ce qui est à eux. Car il semble bien que ces trois connaissances relèvent d'un seul homme et d'un art unique, se connaître soi-même, connaître ce qui
e est à soi-même, et connaître les choses qui dépendent de ce qui est à soi-même.

ALCIBIADE : C'est bien possible.

SOCRATE : Or, tout homme qui ignore ce qui est à lui, pourra bien ignorer de même ce qui est aux autres dans le même domaine.

ALCIBIADE : A coup sûr.

SOCRATE : Mais s'il ignore ce qui est à autrui, il ignorera également ce qui est à la Cité ?

ALCIBIADE : Nécessairement.

SOCRATE : Un tel homme ne saurait donc devenir un homme d'État.

ALCIBIADE : Certainement non.

SOCRATE : Ni, non plus, un bon économe ?

134 ALCIBIADE : Certainement non.

SOCRATE : Il ne saura pas même ce qu'il fait.

ALCIBIADE : Ainsi, pas même cela.

SOCRATE : Mais celui qui ne sait pas, ne se méprendra-t-il pas ?

ALCIBIADE : Absolument.

SOCRATE : En se méprenant, n'agira-t-il pas mal dans la vie privée et dans la vie publique tout ensemble ?

ALCIBIADE : Nul doute.

SOCRATE : Et en agissant mal, ne sera-t-il pas malheureux (68) ?

ALCIBIADE : Tout à fait.

SOCRATE : Et ceux à qui se rapporte une telle manière d'agir ?

ALCIBIADE : Malheureux, ceux-là également.

SOCRATE : Ainsi donc, à moins qu'on ne soit sage et bon, il est impossible qu'on soit heureux ?

b ALCIBIADE : Impossible.

SOCRATE : Alors, parmi les hommes, les vicieux sont malheureux.

ALCIBIADE : Très malheureux.

SOCRATE : Ainsi, ce n'est donc pas en devenant riche qu'on se libère du malheur, c'est plutôt en devenant sage (69).

ALCIBIADE : Évidemment.

SOCRATE : Par conséquent, mon cher Alcibiade, les Cités, pour être heureuses, n'ont besoin ni de hauts murs, ni de vaisseaux, ni d'arsenaux, ni de populations nombreuses, ni de grandeur, si la vertu leur manque ?

ALCIBIADE : Certes non.

SOCRATE : Dès lors, si tu veux gérer les affaires de la Cité avec rectitude et honneur (70), c'est la vertu qu'il te faut donner en partage aux citoyens ? c

ALCIBIADE : Comment en serait-il autrement ?

SOCRATE : Or, pourrait-on donner en partage ce que l'on n'a pas ?

ALCIBIADE : Comment le pourrait-on ?

SOCRATE : Il faut donc que tu acquières d'abord de la vertu, toi et tout autre homme qui veut commander et diriger non seulement sa personne et ses intérêts privés, mais aussi la Cité et les affaires de la Cité.

ALCIBIADE : Tu dis vrai.

SOCRATE : Ainsi, il ne faut te préparer ni à la licence ni à un pouvoir absolu, à l'égard de toi-même et de la Cité, mais à la justice et à la sagesse.

ALCIBIADE : A l'évidence.

SOCRATE : Car en agissant avec sagesse et avec justice, toi et la Cité, vous d
agirez d'une manière agréable à la Divinité.

ALCIBIADE : Vraisemblablement.

SOCRATE : Et comme nous le disions justement auparavant, vous agirez en ayant les yeux tournés vers ce qui est divin et lumineux (71).

ALCIBIADE : Sans nul doute.

SOCRATE : Dès lors, en regardant vers cette lumière divine, vous vous verrez et connaîtrez vous-mêmes (72) et reconnaîtrez les biens qui vous sont propres.

ALCIBIADE : Oui.

SOCRATE : Et dans cette perspective, agirez-vous avec justesse et perfection (73) ?

ALCIBIADE : Oui.

SOCRATE : Dans ce cas, si vous agissez ainsi, je consens à vous promettre e
le bonheur futur qui vous sera donné en partage.

ALCIBIADE : Et cela est sûr si tu le promets.

SOCRATE : Mais si vous agissez avec iniquité, les yeux tournés vers ce qui est privé du divin et vers ce qui est ténébreux, alors selon toute vraisemblance · vos actes en seront affectés, parce que vous ne vous connaîtrez pas vous-mêmes.

ALCIBIADE : Il le semble bien.

SOCRATE : Celui, en effet, cher Alcibiade, peuple ou individu, qui
possède, alors qu'il n'a pas d'intellect, la licence de faire ce qu'il veut,
135 quel sera selon toute vraisemblance son destin, qu'il s'agisse d'un
particulier ou d'une Cité ? Imagine, par exemple, qu'un malade ait la
licence de faire tout ce qu'il veut, sans avoir l'intellect sagace en matière
médicale, et qu'il ait assez d'autorité pour que personne n'ose le
reprendre, que lui arrivera-t-il : ne ruinera-t-il pas, selon toute apparence, son propre corps (74) ?

ALCIBIADE : Tu dis vrai.

SOCRATE : Et sur un navire, si quelqu'un avait la licence de faire ce que bon lui semble, sans avoir le sens et la compétence d'un pilote, aperçois-tu ce qui lui arriverait comme à ses compagnons de navigation ?

ALCIBIADE : Un beau résultat : ils périraient tous.

SOCRATE : De la même manière, dans une Cité, dans l'exercice de toute
b magistrature et de tout pouvoir absolu, auxquels fait défaut la vertu,
n'est-on pas condamné à agir tout de travers ?

ALCIBIADE : Nécessairement.

Épilogue

SOCRATE : Concluons donc, excellent Alcibiade, si vous voulez être heureux, toi et la Cité, il ne faut point ambitionner un pouvoir absolu : c'est à la vertu qu'il convient de se consacrer.

ALCIBIADE : Tu dis vrai.

SOCRATE : Or, avant que de posséder la vertu, plutôt que de commander soi-même, il est meilleur non seulement pour un enfant mais également pour un homme d'obéir à qui a plus de valeur que soi.

ALCIBIADE : C'est évident.

SOCRATE : Or ce qui est meilleur n'est-il pas aussi plus beau ?

ALCIBIADE : Oui.

SOCRATE : Et ce qui est plus beau est ce qui convient mieux ?

c ALCIBIADE : Comment en serait-il autrement ?

SOCRATE : Ainsi il convient à un naturel sans vertu de servir, car cela vaut mieux pour lui.

ALCIBIADE : Oui.

SOCRATE : Manquer de vertu est le fait d'un naturel servile ?

ALCIBIADE : Bien sûr.

SOCRATE : Tandis que la vertu est l'attribut qui convient à l'homme libre ?

ALCIBIADE : Oui.

SOCRATE : Mais, cher ami, ne faut-il pas fuir la servilité ?

ALCIBIADE : De toutes les manières possibles, Socrate.

SOCRATE : Mais es-tu bien conscient, à présent, de l'état où tu te trouves ? Liberté ou esclavage ?

ALCIBIADE : Il me semble bien que je le sens parfaitement.

SOCRATE : Dans ces conditions, sais-tu maintenant comment tu te soustrairas à l'état qui est actuellement le tien ? car je n'oserai pas le nommer, lorsqu'il s'agit d'un homme aussi beau que toi.

ALCIBIADE : Mais je crois le savoir. d

SOCRATE : Comment ?

ALCIBIADE : A condition que tu le veuilles, Socrate.

SOCRATE : Ce n'est pas adéquatement parler, Alcibiade.

ALCIBIADE : Eh bien, comment dois-je m'exprimer ?

SOCRATE : A condition que Dieu le veuille.

ALCIBIADE : Je le dis volontiers, mais j'ai un propos à y ajouter, c'est qu'il peut bien arriver, Socrate, que nous troquions nos personnages, moi le tien, toi le mien ; car à partir d'aujourd'hui, c'est moi qui te suivrai pas à pas, et toi qui seras, tel un enfant, suivi par moi.

SOCRATE : En ce cas, noble ami, mon amour pour toi ne se distinguera e
pas de celui de la cigogne : après avoir fait éclore en ton nid un amour ailé, celui-ci en retour sera entouré de sollicitude (75).

ALCIBIADE : La cause est entendue : je vais commencer, dès à présent, à prendre souci de la justice.

SOCRATE : Ah ! que j'aimerais te voir persévérer ! mais sans me défier de ton bon naturel, en voyant la force des exemples qui règnent dans cette Cité, je tremble qu'ils ne l'emportent et sur moi et sur toi (76).

Notes de l'introduction

1. Proclos (412-485 ap. J.-C.), le plus grand des néo-platoniciens avec Plotin (205-270 ap. J.-C.).

2. Jamblique (vers 250-330 ap. J.-C.) est un néo-platonicien qui enseigna à Alexandrie.

3. Lettres VII. 324 e.

4. Pendant près d'un millénaire (jusqu'à l'empereur Justinien qui ferma l'école en 529 ap. J.-C.), cet institut, propriété collective des disciples et successeurs de Platon, devait, sous la direction des scolarques élus, assurer le rayonnement de la pensée platonicienne et veiller à la transmission de l'œuvre du Fondateur.

5. On consultera avec profit le beau livre, d'accès facile, de R. Simeterre : *Introduction à l'étude de Platon* qui situe le jeune Platon dans le climat de son temps.

6. Jean Guitton, *Les Pages immortelles de Platon,* Éd. Buchet-Chastel.

7. La critique moderne s'accorde à considérer ce dernier comme apocryphe.

8. Pour ce paragraphe, voir Jean Pépin, *Idées grecques sur l'homme et sur Dieu,* Éd. Les Belles Lettres, Paris, 1971, pp. 72-73.

9. Cf. aussi Le *Charmide,* 167 a.

10. J. Moreau, *La Construction de l'idéalisme platonicien,* Éd. Boivin et Cie, Paris, p. 133.

11. C'est le cas d'*Alcibiade,* cf. 118 a sq.

12. Sans multiplier les références, on se reportera avec profit au *Sophiste* (229 c); à l'*Apologie de Socrate* (29 b); au *Ménon* (84 c).

13. Karl Jaspers, *Les Grands Philosophes,* Éd. Plon, Paris, p. 232.

14. C'est cette méthode même qu'illustre l'*Alcibiade* dans la démonstration de 115 à 116 e.

15. *Alcibiade,* 132 b sq.

16. Cf. Porphyre, *Biographie de Plotin* 13. l. 15-17.

17. *Alcibiade,* 118 c sq.

18. *Alcibiade* 134 b-135 e. Cf. aussi *Apologie de Socrate* 29 e. *La République* I. 348 e sq., *Gorgias* 482 b et 495 a.

19. Est « ontique » tout ce qui concerne quelque être particulier que ce soit, c'est-à-dire un « étant ».

20. Est « ontologique », ce qui concerne l'*être* comme support ou raison des étants.

21. Op. cit. p. 270.

22. Sur ce point, on se reportera à l'ouvrage classique d'Erwin Rohde : *Psyché,* Payot, Paris, 1952.

23. On pourra se référer également au *Livre X,* 611 e; au *Timée* 41 c, 69 d, 72 d, 90 a et c; aux *Lois* X, 867 b, 899 b-900 a.

24. Nous nous référerons souvent au pénétrant ouvrage de Jean Pépin : *Idées grecques sur l'homme et sur Dieu* qui, en pages 9-11, distingue la συγγένεια la parenté de l'homme avec le divin, attestée dans *Les Lois,* et l' ὁμοίωσις, l'assimilation à Dieu, dont il est fait état dans le *Théétète.* « Nulle contradiction... entre les deux notions : la parenté divine étant une simple virtualité, un point de départ nécessaire mais insuffisant, il appartient à l'homme soit d'en tirer parti par un effort positif d'assimilation, soit de renoncer par négligence à en bénéficier; l'assimilation ne peut s'engager si elle ne prend appui sur une parenté préexistante; mais la parenté ne mène à rien si elle n'est ratifiée et fécondée par une volonté d'assimilation. »

25. Plotin et Spinoza, Maître Eckhart et saint Jean de la Croix tiennent des propos identiques sur ce point.

26. Op. cit. p. 270.

27. Op. cit. p. 16. La première partie de ce précieux ouvrage brosse une fresque grandiose de la tradition du premier *Alcibiade.*

28. Cf. également *Livre* VIII. 13.

29. On se reportera avec profit à Jean Pépin, op. cit., p. 127 sq.

30. Jean Pépin, op. cit., p. 138.

31. Cf. *Alcibiade* 131bc.

32. Marc-Aurèle, *Méditations* II. 1, 3; XII. 1, 5; XII. 26, 2.

33. Athanase (298-373 ap. J.-C.), *De Incarnatione Verbi. Patrologie grecque,* J.-P. Migne, Paris, 1856 (25, 192B).

34. Clément d'Alexandrie, *Protreptique,* X. 98, 4, Éd. Stählin, p. 71, 24-29.

35. Cf. Jean Pépin, p. 187. Ajoutons que saint Basile était un lecteur passionné de Plotin, à qui il fait de nombreux emprunts pour expliciter sa théologie de l'Esprit-Saint.

36. Origène, *Contra Celsum,* livre VIII; cf. Jean Pépin. op. cit. p. 190.

37. 1er Stromate, cf. Jean Pépin op. cit., pp. 192-194.

38. Cf. Jean Pépin. op. cit., pp. 200-201.

39. *De Magistro (Du Maître),* XI. 38.

40. *Ennéades* I, 1, 3; IV, 4, 43; VI, 7, 5.

41. Il est question ici de l'Intellect comme existence (hypostase) seconde après l'Un : mais, par ce qui précède, on sait que l'homme y participe par la pensée et l'intuition intellectuelle. La conversion à l'Un passe par la médiation du Noûs, où Plotin retrouve l'intuition de l'*Alcibiade.*

42. Édition H. D. Saffrey et L. G. Westerink, Éd. Les Belles Lettres, Paris, 1968.

43. Nous tenons à dire ici notre dette à l'égard de Jean Trouillard qui a bien voulu nous apporter le concours de sa subtile érudition.

44. Proclos, *Théologie platonicienne,* Éd. Saffrey-Westerink I, 3, pp. 15-16.

45. *Procli philosophi platonici opera, In Alcibiadem,* Éd. Victor Cousin, 1864, 519, 17-32 (Traduction du fragment établie par Jean Trouillard).

46. *In Alcibiadem,* Westerink, Amsterdam, 1954, 187, 14-18.

47. Ibid. 80, 279-282.

48. Proclos, *Éléments de Théologie.* Traduction, introduction et notes de Jean Trouillard, Éd. Aubier-Montaigne, Paris 1965, p. 40.

49. *In Alcibiadem,* 280.

50. Est historique une relation diachronique nettement déterminable; est historiale, une diachronie aux cheminements souterrains, cependant repérable, mais dont la causalité n'est pas déterminable d'une manière univoque.

51. Saint Augustin disait des disciples de Platon : *« Paucis mutatis, Christiani fierent ».* (A quelques retouches près, ils deviendraient Chrétiens).

52. Cf. Albert Rivaud, *Histoire de la Philosophie,* P.U.F., Paris 1948, p. 587.

53. Étienne Gilson, *Le Christianisme et la Tradition philosophique.* Leçon de clôture du Cours sur les Sources latines du platonisme médiéval, Paris, Collège de France, 16 mars 1943.

54. Étienne Gilson, op. cit.

55. Étienne Gilson, ibid.

56. Pierre Faucon, *Aspects néo-platoniciens de la doctrine de saint Thomas d'Aquin,* Librairie Champion, Paris 1975, p. 33.

57. *De Veritate,* Q. 5, a. 8.

58. *Confessions* XII, 25 : « Si tous les deux nous voyons que ce que tu dis est vrai, si tous les deux aussi nous voyons que ce que je dis est vrai, où, je te le prie, le voyons-nous? Moi, assurément ce n'est pas en toi; toi, ce n'est pas en moi; mais, tous les deux, dans l'immuable vérité elle-même qui est au-dessus de nos intelligences. »

59. *De Anima,* Q. un. a. 5. ad 6^{m}.

60. P. Faucon. op. cit. p. 312.

61. *Somme théologique,* IIIa, Q. 3, a. 8.

62. *De la Cité de Dieu,* VII. 5.

63. Car ces philosophies doivent intégrer (ce qu'elles font) des exigences épistémologiques nouvelles issues de la physique mathématique moderne (post-galiléenne). Par exemple, la doctrine des Idées chez Malebranche s'accorde avec une explication mécaniste du monde physique.

64. *Méditations chrétiennes,* Ch. III, 4.

65. C'est un même axe qui passe par la doctrine platonicienne des Idées, le platonisme de saint Augustin que nous avons signalé dans les pages précédentes *(Confessions,* XII, 25), l'exemplarisme divin chez saint Thomas d'Aquin (Dieu en tant qu'il connaît son essence comme imitable par une créature, la connaît comme la raison propre et l'idée de cette créature) et la théorie de la vision en Dieu chez Malebranche.
C'est un axe parallèle qui relie la parenté du Noûs avec le divin chez Platon, l'illumination de l'esprit par Dieu chez saint Augustin, la participation de l'intellect à la lumière incréée chez saint Thomas d'Aquin, et l'illumination de l'esprit par le Verbe chez Malebranche. Du reste, Malebranche déclare (sans doute à tort) dans une note de la Préface aux *Entretiens sur la Métaphysique* : « Selon les anciens Pères, c'est des Juifs que Platon avait tiré ce qu'il y a dans ses ouvrages qui se rapporte à ce que nous croyons. »

66. Léon Robin, *Œuvres complètes de Platon,* Éd. de La Pléiade, Avant-propos, p. 16.

Notes de la traduction

1. Alcibiade a environ vingt ans : il peut donc ambitionner de se mêler aux affaires publiques.

2. Le « démon » de Socrate constitue une des questions les plus énigmatiques que pose le personnage. Sorte de dieu intérieur, par opposition aux dieux objectivés de la mythologie, ce démon intermédiaire entre l'homme et la divinité est participation à la transcendance (*ce quelque chose de divin :* daimonion ti) et accomplissement de l'esprit. Il est solaire et lumineux, apollinien. « Il est ensemble intérieur et extérieur à l'âme qu'il illumine pour s'imposer à elle, et ce n'est pas un *être* intermédiaire, mais une parole médiatrice », Micheline Sauvage, *Socrate et la Conscience de l'homme,* « Les Maîtres spirituels », Éd. du Seuil, Paris, 1956. Comme le dit avec bonheur cet auteur : « L'homme (Socrate) s'éclaire à partir de cette inspiration qui, intériorisant les puissances étrangères et objectivant les exigences intérieures à l'esprit, tient entre l'homme et le dieu la balance égale... Son démon n'aurait jamais fait accuser Socrate d'être un « faiseur de dieux », si son intervention n'était pas apparue, moins « comme un précepte qu'une puissance étrangère inculque à l'esprit humain » que « comme une loi absolue de l'esprit lui-même » pour reprendre les termes dont Hegel s'est servi pour la tâche prescrite par le Dieu de Delphes pp. 92-93 (cf. aussi 124 c).

3. Par son père, Clinias, Alcibiade descendait d'Ajax, avec Achille un des héros les plus brillants à s'illustrer dans la guerre de Troie. Par sa mère, Dinomachè, il faisait partie des Alcméonides, puissante famille d'Athènes dont elle détint un moment le pouvoir : Périclès, oncle d'Alcibiade, se rattachait à la même lignée.

4. Périclès (499-429 av. J.-C.) fut un des plus remarquables hommes d'État que connut Athènes. Son élévation d'esprit, son éloquence, sa dignité et sa simplicité lui valurent l'estime du peuple athénien, des hommes de lettres, des artistes, des philosophes. Il appela les plus célèbres sculpteurs et architectes pour construire le Parthénon et le temple d'Éleusis. Le « Siècle de Périclès » marque l'apogée de la civilisation grecque dans le domaine de l'esprit et des beaux-arts. Cependant le dialogue nous révélera un Socrate très méfiant à l'égard du personnage de Périclès. Alcibiade sera coincé entre Périclès et la foule. Il s'agira de choisir, contre Périclès, Socrate (124 c), qui sera une sorte de médiation entre Alcibiade et le dieu tuteur, afin de ne pas céder à la tentation démagogique.

5. Barbare, c'est-à-dire étranger, non grec ; allusion aux Macédoniens et aux Thraces.

6. Alcibiade se plaisait à écouter les longs et habiles discours des sophistes.

7. Il est question ici de la plate-forme de pierre (τὸ βῆμα) située au milieu du Pnyx, l'Assemblée des Athéniens, d'où se faisaient les harangues.

8. La raison en est cocasse : Plutarque nous rapporte, dans sa *Vie d'Alcibiade* (chap. II), que celui-ci renonça à l'art de la flûte parce que celle-ci obligeait à enfler désagréablement les joues.

9. Les devins pouvaient être consultés au cours de délibérations publiques. « Il est sûr, en effet, que la multitude se gausse de moi comme d'un fou, lorsque dans l'Assemblée du Peuple, je traite quelque point d'ordre religieux et lui prédis ce qui arrivera : et cependant il n'y a pas une seule de mes prédictions qui ne soit véridique », *Euthyphron,* 3 b-c. Cf. aussi *Les Lois,* 759 d.

10. Hippocrate, fondateur grec de la médecine (né vers 460 av. J.-C.), parle dans son livre *de la Diète* d'une lutte qui se pratiquait avec les mains sans que l'on se prît au corps.

11. ὁ Φιλίος, c'est-à-dire l'Ami, désigne ici Zeus, le dieu bienveillant.

12. Le jeu d'osselets était depuis toujours une distraction très chère aux Grecs. Dans le *Théétète* (154 c), Socrate envisage certaines combinaisons possibles. La fièvre du jeu aidant, les discussions étaient nombreuses.

13. Jeu connu des Grecs et des Romains où l'on combine des pions sur un damier. Il était considéré comme un *art élaboré* (tels aujourd'hui les échecs), ainsi que l'atteste le *Gorgias* (450 d) où il est mis sur le même rang que *certaines sciences* (l'arithmétique, le calcul, la géométrie).

14. Bataille gagnée par les Athéniens en 457, au cours d'un affrontement avec les Lacédémoniens, en vue de l'indépendance de la Béotie.

15. Bataille perdue par les Athéniens en 447 contre les Béotiens et les Lacédémoniens. Le rapprochement fait entre ces deux batailles aux issues contraires a pour but de montrer la futilité et la dérision des luttes guerrières.

16. La méthode socratique, telle qu'elle est pratiquée dans la plupart des dialogues platoniciens, est ici particulièrement soulignée. Socrate pose les questions. Ce sont les réponses du questionné qui constituent un contenu dont il est responsable. Et il n'est pas facile d'esquiver ou d'escamoter une interrogation posée par Socrate.

17. Euripide, le dernier des grands poètes tragiques de la Grèce (480-405 av. J.-C.). Il s'agit d'un vers de l'*Hippolyte couronné* (v. 352).

18. Cf. *Phèdre,* 228 e.

19. Nous traduisons ici par *valeur* le mot grec ἀνδρεία qui connote également les sens de *courage, bravoure, force virile.*

20. Noble formule, frappée en médaille. Elle constitue en même temps le pivot de la démonstration socratique. Ayant admis que le courage est inconditionnellement bon, Alcibiade sera contraint de reconnaître que le beau est bon. « Il existe donc un Beau qui est bon, un bonheur qui n'est pas de possession ni de jouissance, mais de production et de sacrifice. » V. Goldschmidt, *La Religion de Platon,* P.U.F., Paris, 1949, p. 13.

21. Εὖ πράττειν, locution grecque qui signifie à la fois « se bien conduire » et « être heureux ». Le même mot notifie tout ensemble la belle action et le bonheur qui en résulte.

22. Ville et île de Péparêthos, une des Cyclades, aujourd'hui Scopilo.

23. Pythoclidès : musicien pythagoricien (cf. *Protagoras, 316 e)* qui avait la réputation d'être aussi un conseiller politique avisé.
Anaxagore de Clazomène (vers 500-428 av. J.-C.) : philosophe ionien établi à

Athènes. Fondateur du théisme philosophique par sa théorie du « Noûs », de l'Intellect ou de l'Esprit organisateur. L'Intellect ordonnateur imprime au chaos une impulsion qui, se propageant de proche en proche, sépare et réunit toutes choses en les organisant, cf. le *Phédon,* 97 b : « Et voici qu'un jour, j'entendis faire une lecture, d'un livre qui, disait-on, était d'Anaxagore et où était tenu ce langage : « C'est en définitive l'Esprit qui a mis tout en ordre et qui est la Cause universelle ».
Damon : musicien, cithariste qui cachait, derrière cette profession, un enseignement de la politique (Plutarque, *Vie de Périclès,* c.4), cf. *La République,* III 400 c, IV 424 c.

24. Paralos et Xanthippe, cf. Plutarque, *Vie de Périclès.* Cf. aussi : *Protagoras* 314 e sq., 319 e-320 b. Périclès eut cependant un fils qui porta son nom; habile stratège, il battit les Lacédémoniens aux Arginuses en 406 av. J.-C.

25. Cent mines : la somme paraît énorme : elle équivaudrait à dix mille francs-or environ.

26. Zénon d'Élée, disciple de Parménide. Parménide (529-440 av. J.-C.). Zénon (490-?). Le principe de l'Éléatisme est que l'être est un et immuable et que le non-être n'est pas. Parménide inaugura la métaphysique occidentale comme réflexion sur l'apparence de l'être et sur sa vérité, conduisant à opposer des plans d'inconsistance et un plan de plénitude de l'Être, qui abolit le temps et l'espace. Cf. l'ouvrage de P. Somville : *Parménide d'Élée. Son temps et le nôtre,* Vrin, Paris, 1976.

27. Quel est ce Midias qu'Aristophane surnommait ironiquement « l'abatteur de cailles » ? Sans doute un personnage peu estimé. Les lignes qui suivent ne sont pas très claires.

28. « Porter la chevelure de l'esclave » était une expression proverbiale pour désigner un affranchi qui a gardé le style de son ancienne condition servile.

29. Les Achéménides, dynastie perse, dont Cyrus et Cambyse firent partie, qui commença en 668 pour s'éteindre en 330 av. J.-C., à la mort de Darius III Codoman.

30. Hercule.

31. Eurysakès est un fils d'Éaque, un des trois juges infernaux de la mythologie grecque.

32. Dédale, architecte grec qui construisit le labyrinthe de Crète.

33. Vulcain, dieu du feu et des métaux. Socrate répond avec humour aux prétentions nobiliaires d'Alcibiade.

34. Les éphores, au nombre de cinq, étaient les plus puissants magistrats de Sparte, dont le contrôle s'étendait sur toute l'administration publique et la vie privée de tous les citoyens. Ils finirent par être de véritables chefs de gouvernement souvent en conflit avec les rois.

35. C'est-à-dire de la race d'Hercule.

36. Zoroastre ou Zarathoustra (VIIe-VIe siècle av. J.-C.), réformateur du mazdéisme, religion des anciens Perses, d'essence dualiste, où deux principes originaires, le Bien et le Mal, règlent la destinée du monde. Le premier, Ahura Mazdâ, est lumière et vérité, le second, Ahriman, est ténèbres et mensonge. Le triomphe du Bien est, cependant, un horizon eschatologique possible.

37. Il y a une convergence partielle entre les assertions de Platon, présentées ici, et les remarques avancées par Xénophon au chap. I Livre I de la *Cyropédie*. Xénophon adopte une vue plus générale, incluant les exigences de toute éducation, et non seulement celle des rois.

38. Hilotes, esclaves de l'État à Sparte : on les enivrait périodiquement pour donner à la jeunesse le dégoût des boissons fortes.

39. Fable 137.

40. Environ 50 000 francs-or. Erchia est un dème (canton) de l'Attique. Trois cents pléthres font environ 25 hectares.

41. Se reporter à ce qui a été dit en 103 a, note 2.

42. Nous traduisons ainsi le ὁ καλος κἀγαθός qui littéralement signifie : « beau et bon ». Cette expression grecque d'essence esthétique et morale est presque intraduisible en langue moderne.

43. ἄφρων : insensé ; ailleurs on trouve ἠλίθιος : sot. Les imbéciles sont des figures souvent rencontrées dans les *Dialogues :* voir sur ce sujet l'article suggestif de L. Jerphagnon dans la *Revue de Métaphysique et de Morale,* n° 1, 1971, A. Colin, Paris, p. 24 et sq.

44. Céleuste : maître d'équipage ou chef des rameurs.

45. Un « chœur » grec est une danse bien rythmée qui a recours aux flûtes et aux chants.

46. L'empan est l'écart extrême entre l'extrémité du pouce et du petit doigt (environ 22 cm) et la coudée en est le double.

47. L'hoplite est le soldat d'infanterie pesamment armé.

48. Cf. *La République,* 433 d sq. « Accomplir sa propre besogne » — « ne pas être un touche-à-tout » est une préoccupation doctrinale constante chez Platon, en vue de la bonne organisation de la Cité.

49. Inlassablement et au prix de multiples détours, Socrate revient aux vertus morales essentielles, d'abord la justice (se rappeler 113 b), la coïncidence du beau et du bien (116 c), la nécessité de devenir le meilleur possible (124 c) ; plus loin (128 e) la connaissance de l'art de se rendre meilleur implique de ne pas ignorer ce que l'on est, donc le « Connais-toi toi-même », qui sont autant de jalons pour *la définition de l'homme.* Ces démarches préparent la question fondamentale : « *Qu'est-ce que l'homme ?* » (le sous-titre du dialogue est : « De la nature de l'homme »), à laquelle Socrate répondra : « *C'est son âme* » (130 c).

50. Socrate entreprend ici, jusqu'à 130 e, une série de *réductions.* L'homme *n'est pas* ce qu'il possède, il *n'est pas* son corps. La réduction théorétique consiste à passer de *l'avoir* à *l'être.* L'être de l'homme c'est son âme, et en celle-ci le savoir et la pensée, qui sont reliés au *divin.*

51. L'apprentissage du bien exige la connaissance de soi : toutes les discussions qui précèdent sur l'art du politique et son essence, aboutissent à cette exigence proprement philosophique. Ce passage est un des pivots du texte.

52. Αὐτὸ ταὐτό, littéralement : « *l'être lui-même* », c'est-à-dire ce qu'on est *soi-même,* le *même* du *soi ;* en définitive *le fond immuable de soi-même.*

53. Cette interrogation, si grave en sa simplicité, est l'axe autour duquel tourne tout le dialogue.

54. « A tire-d'aile il s'en va. » Cf. Discours de Pausanias dans le *Banquet,* 183 e.

55. Homère, *Iliade,* livre II v. 157. « Le peuple d'Érechtée au cœur généreux qu'Athéné a élevé », allusion au roi légendaire d'Athènes, fils de Pandion.

56. En 130 c sq.

57. Cf. *Apologie de Socrate,* 29 e.

58. En tant que fond immuable de l'être.

59. La vision est le meilleur exemple (paradigme) pour expliquer le précepte de Delphes. On verra dans la suite de ce passage, jusqu'à 133 c, que la pupille, tel un miroir, réalise un phénomène de réflexion qui permet de relier, par une série de renvois, l'âme à Dieu. La connaissance de l'âme passe en fin de compte par Dieu. Mais, d'une manière plus précise, l'âme est reliée à Dieu par le *divin* qui lui est immanent et qu'elle aperçoit en visant Dieu à travers une autre âme. Finalement le précepte de Delphes suscite un regard tourné vers Dieu lui-même : « C'est donc en dirigeant nos regards vers Dieu... » 133 c.

60. Comme l'indique Jean Pépin dans son ouvrage *Idées grecques sur l'homme et sur Dieu.* Paris, Éd. Les Belles Lettres, 1971, p. 192, le dialogue énonce ici et jusqu'à 133 c : 1° que la connaissance de soi n'est pas immédiate, mais s'opère par le détour d'un objet qui joue le rôle de miroir ; 2° que cet objet intermédiaire est une âme semblable à la nôtre ; 3° que la partie intellectuelle de notre âme est divine, d'où il suit que se connaître soi-même équivaut à connaître Dieu. Jean Pépin en signale les échos chez les Pères de l'Église et en particulier chez l'un des premiers en date parmi ceux-ci, Clément d'Alexandrie. « Or les mêmes idées, semblablement conjointes, se rencontrent dans une page du *1er Stromate,* où l'on voit Clément citer un *logion* (commandement sacré) non consigné dans l'Écriture : « Tu as vu ton frère, tu as vu ton Dieu » ; il entend par ce texte que la connaissance de notre prochain conduit à la connaissance de Dieu, moyennant un relais intermédiaire qui est la connaissance de nous-mêmes : dans l'état actuel, la connaissance d'autrui, comme miroir, conditionne la connaissance de soi, laquelle conduit à la contemplation de Dieu d'après le divin qui est en nous-mêmes. Cette dernière notation apparaît dans une formule célèbre du *Pédagogue,* où le même Clément exalte la connaissance de soi comme la plus haute science, du fait qu'elle mène à la vision de Dieu », pp. 192-193.

61. C'est-à-dire quelque miroir ou surface bien polie.

62. Le paradigme de la vision « nous hausse jusqu'au Dieu, le meilleur miroir des œuvres humaines elles-mêmes. Il nous fait accomplir autant de bonds que nous le permettent les diverses applications de l'idée de miroir, du miroir proprement dit au miroir qu'est la pupille, et de là au miroir de l'âme qui nous élève au plus pur des miroirs, le Dieu. La possibilité de ce dernier saut tient à la qualité du regard de l'âme qui doit savoir reconnaître en ce qu'elle vise, la marque du « divin » Τὸ θεῖον. Et c'est le « divin » qu'elle aperçoit en l'autre âme et qu'elle pourrait également apercevoir en elle-même, qui la rapporte au Dieu 133 c. Le paradigme de la vision doit donc son excellence à la fonction réflexive du miroir qu'il suggère, la seule à vrai dire qui nous permette de remonter si haut. » A. Soulez-Luccioni. Voir référence bibliographique

63. Si la *Grande Morale* est bien d'Aristote, il convient de signaler qu'un passage de cet ouvrage commente remarquablement cette idée que la connaissance de soi s'effectue par la médiation de l'âme d'autrui : incapables de nous contempler nous-mêmes en nous originant en nous-mêmes, comme nous sommes incapables par nous-mêmes de voir notre propre visage, nous y parvenons en regardant dans le miroir ; semblablement, quand nous voulons nous connaître nous-mêmes, nous devrions parvenir à cette connaissance en regardant notre ami, car il est en effet comme on dit, notre autre moi (notre alter ego). II, 15, 1213a 16-24.

64. Assertion constante chez Platon, ainsi que l'atteste le *Timée,* en 88b : « Il est par nature en l'homme deux sortes d'appétits, l'un qui vient du corps et a pour objet la nourriture, l'autre de la partie en nous *la plus divine et éprise de pensée pure.* » La formule qui condense cette doctrine est celle attribuée à Anaxagore (vers 500-428 av. J.-C.) : « *L'Intellect, c'est en nous, Dieu.* » Elle sera reprise sous des formes diverses par Aristote, les stoïciens, et les néo-platoniciens.

65. Dieu perceptible dans le reflet qu'offre de lui l'intellect humain, telle est l'essence de ce passage. Dans les lignes qui suivent, il y a un glissement vers une thèse voisine, mais autre : Dieu lui-même devient le miroir tendu à la connaissance de soi. Cf. Jean Pépin, op. cit., p. 16.

66. Ce passage entre crochets serait, selon la tradition, une variante ou une addition d'Eusèbe, évêque de Césarée (IIIe-IVe siècle ap. J.-C.), qui nous a légué, dans son ouvrage *La Préparation évangélique,* de longs extraits d'œuvres platoniciennes. Ces citations sont précieuses, car elles révèlent des variantes de manuscrits perdus. Ces quelques lignes de l'*Alcibiade* — même si elles constituent un ajout — expliquent la fortune de ce dialogue dans la tradition néo-platonicienne et dans la patristique (œuvres des Pères de l'Église grecs et latins); elles soulignent la parenté de Dieu et de l'âme et, dans la philosophie du jeune Platon, l'existence d'une intuition métaphysique qui traversera toute son œuvre : celle de *la participation;* la constitution de toute réalité, dont celle de l'homme, s'établissant par sa relation au divin ou à l'Idée qui en dérive. Il convient, en outre, de se souvenir que l'âme parlant à l'âme (130d-e), le Dieu de l'*Alcibiade* est le Dieu de tous les hommes, celui par lequel l'homme est conduit à aimer son prochain. « Aussi, le dieu n'apparaît-il vraiment comme médiation entre un sujet et l'humanité entière que dans l'*Alcibiade.* » A. Soulez-Luccioni. Ibid.

67. La sagesse ou σωφροσύνη a ici un sens intellectuel et moral tout ensemble. Mais comme dans tout le platonisme, c'est surtout par l'intellect que s'effectue le salut.

68. Cf. 116b.

69. Cette thèse platonicienne a été entièrement reprise par Plotin : le bonheur est immanent à la sagesse et non à l'événement. « Les actions ne produisent aucun bien par elles-mêmes, ce sont au contraire les dispositions intérieures qui produisent les belles actions; le sage, lors même qu'il œuvre, recueille le bien, non pas de ses actions elles-mêmes, ni des événements, mais de ce qu'il possède en lui-même... Ce n'est donc pas l'événement qui crée la saveur du bonheur; c'est l'attitude de la conscience qui crée et le bonheur et la jouissance qui en dérive... L'acte propre de l'âme consiste à être sage; c'est un acte qui lui est immanent. Et telle est la béatitude. » *Ennéades* I.5.10.

70. **Καλῶς**: littéralement « bellement », « de belle manière ».

71. Ces termes pourraient authentifier le passage attribué à Eusèbe de Césarée en 133 c, car ils appartiennent au manuscrit d'Oxford.

72. « L'oracle dit que la connaissance de Dieu passe par celle de soi-même et que celle de soi-même renvoie à celle de Dieu. L'une déploie l'autre et la saisie de l'oracle renferme, comme sa condition, ce mutuel déploiement de deux connaissances l'une dans l'autre. Le moment de la « révélation » c'est alors l'aperception du divin en l'âme à l'endroit précis où s'articulent ces deux connaissances, c'est-à-dire au nœud de leur corrélation. » A. Soulez-Luccioni, *Le Paradigme de la vision de soi-même dans l'Alcibiade majeur. Revue de Métaphysique et de Morale*, n° 2, 1974, A. Colin, Paris, p. 198.

73. Cette doctrine est constante chez Platon. Dans une œuvre de la maturité, *La République*, contemporaine de la fondation de l'Académie (vers 388 av. J.-C.), au Livre IX, 589 d-591 a, il est question de « la partie la plus divine de l'homme » qui ne doit point être asservie aux désirs, de « l'homme supérieur chez qui l'élément divin commande », de l'avantage qu'il y a pour chacun « d'être gouverné par un être divin et sage... qui habite au-dedans de nous-mêmes ». Et dans sa dernière œuvre, *Les Lois*, Platon parle d'une certaine parenté divine (συγγένειά τις θεία) qui pousse à honorer ce qui est de même race (Livre X, 899 d).

74. Dans *La République* (566 sq) le tyran est l'homme qui ne sait ni se dominer, ni se reprendre, ni viser à la maîtrise de soi.

75. Selon la légende, les vieilles cigognes auraient été nourries par leurs petits.

76. Socrate semble pressentir ici, avec une sérénité à laquelle la tristesse se lie, les événements qui le frapperont, comme la vie tumultueuse de son ami. Il ne faut pas oublier que le dialogue, écrit vers 386 av. J.-C., est postérieur d'une quinzaine d'années à la condamnation de Socrate. D'autre part, Alcibiade vécut de 450 à 404 av. J.-C., et le dialogue se situe vers 430. Déjà transparaît un héros à la nature impétueuse, impérieuse et quelque peu folle qui devait courir les plus glorieuses et les pires aventures : entré dans les affaires publiques vers 420, il fit rompre une trêve conclue avec les Lacédémoniens, et entraîna, nommé commandant en chef, les Athéniens dans la désastreuse guerre de Sicile. Condamné, il s'enfuit et offrit ses services aux Spartiates, dont il adopta, pour un temps, la rigueur des mœurs. Il voulait ravager l'Attique et Athènes : inquiété à Sparte, il entra au service de Tissapherne, satrape du roi des Perses. Après avoir négocié son retour en Athènes, il fut nommé généralissime des troupes, battit les Spartiates, mais fut à nouveau exilé. Il mourut en Bithynie, chez un autre satrape qui l'avait accueilli, frappé par des flèches que son hôte avait négociées avec Sparte.

Table des matières

Imprimé en France par Offset-Aubin, 86000 Poitiers
Dépôt légal n° 1466 — 3e trim. 1980 — Collection 70 — Édition 01
Imprimeur n° P 9637
H 13/4565/1 ISBN 2.01.007398.3